novum pro

Hans-Jürgen Kaiser

IN DREI STUNDEN BIST DU NICHT MEHR DA

AUTOBIOGRAFISCHE ERZÄHLUNG

www.novumverlag.com

Bibliografische Information
der Deutschen Nationalbibliothek:

Die Deutsche Nationalbibliothek
verzeichnet diese Publikation in
der Deutschen Nationalbibliografie.
Detaillierte bibliografische Daten
sind im Internet über
http://www.d-nb.de abrufbar.

Alle Rechte der Verbreitung,
auch durch Film, Funk und Fernsehen,
fotomechanische Wiedergabe,
Tonträger, elektronische Datenträger
und auszugsweisen Nachdruck,
sind vorbehalten.

© 2021 novum Verlag

ISBN 978-3-99107-493-9
Lektorat: Susanne Schilp
Umschlagfoto: Hans-Jürgen Kaiser
Autorenfoto: Iris Fischer, Fotoladen Mitte
Umschlaggestaltung, Layout & Satz:
novum Verlag

Gedruckt in der Europäischen Union
auf umweltfreundlichem, chlor- und
säurefrei gebleichtem Papier.

www.novumverlag.com

**Ich bin fest davon überzeugt,
dass das Leben keinen Sinn hat,
dass nichts einen Sinn hat**
Claude Lévi Strauss

**Es bleiben letztlich nur zwei Dinge,
das Nichts und die bella figura**
Peter Sloterdijk

Für Dich, Mädi

Freitag, 26. September 2014

Langsam fahre ich die schmale Wohnstraße entlang. Wie immer kein Parkplatz. Ich stelle den Wagen in die zweite Reihe, direkt vor die Mühlenbäckerei. Für Anna ist sie die beste Biobäckerei in der Stadt. Eines Tages war sie da, schräg gegenüber von unserem Mietshaus, sechs Wochen bevor wir auszogen. Wir kaufen dort immer noch ein, der Laden liegt auf unseren Wegen.

Ich betrete den kleinen Verkaufsraum. Vor mir noch vier Kunden. Gleich bin ich dran, eine kleine Frau mit grauen Haaren und einem altmodischen Mantel steht noch vor mir. Sie will bei jedem Laib genau wissen, welche Zusatzstoffe darin enthalten sind. Ich denke mir: *Die arme Frau, was würde sie wohl tun, wenn sie in Sibirien oder Haiti leben würde.* Die kleine Frau ist jetzt am fünften Laib Brot angelangt, einem Ur-Korn-Brot. Dieses Mal fragt sie, aus welchem Land das Getreide ursprünglich stammt. *Gleich hupt einer,* denke ich und schaue aus dem Ladenfenster nach meinem Auto. Ich stehe vor der Theke. Die Verkäuferin kennt mich. Sie zieht ihre Augenbrauen hoch, zuckt mit den Schultern und lächelt mich an: „Ein Laib Roggen pur, wie immer?" Es ist Annas Lieblingsbrot. „Ja bitte, und zwei Stück von dem Käsekuchen. Packe mir den Käsekuchen bitte extra ein."

Für das Brot benutze ich eine Stofftasche. Die Käsestücke balanciere ich auf der rechten flachen Hand nach draußen und lege sie vorsichtig auf den Beifahrersitz, damit sie nicht zerdrückt werden. Ein Blick auf die Uhr. Ich werde pünktlich sein.

In der Küche bereite ich alles vor, lege die Kuchenstücke auf die Teller und rufe durch die Durchreiche ins Esszimmer: „Möchtest du einen Espresso oder aufgebrühten Kaffee?" Unser Gespräch verläuft zäh, die Stimmung ist angespannt. Ich sage zu Anna: „Warum bist du so wortkarg? Dich bedrückt doch etwas." Sie legt die Kuchengabel zur Seite, sieht mich an und sagt: „Jan. Ich habe eine existenzielle Entscheidung getroffen. Sie wird alles verändern."

25 Jahre früher

Kannst du dich noch daran erinnern, wie wir uns kennengelernt haben?

Eine Stunde bevor wir uns das erste Mal sehen werden, sitze ich an meinem Schreibtisch und blicke auf einen parkähnlich angelegten großen Innenhof. Bäume, Büsche, kleine Wege und zwei weißlackierte Holzbänke. Seltsamerweise denke ich an ein Eulenpärchen, das letzten Sommer in der Fichte direkt vor meinem Fenster saß und mich so penetrant angeglotzt hat, dass ich die Jalousien schloss.

Dabei komme ich gerade aus dem Zimmer des Geschäftsführers. Gerüchte über eine Strukturveränderung der Geschäftsstelle gab es schon länger. Dennoch hat er mich überrumpelt. „Es gibt eine neue Abteilung für das Marketing. Wir haben Sie für die Leitung vorgesehen. Es wurde auch diskutiert, eine neue Stelle einzurichten, aber dafür fehlen uns die Mittel. Keine Sorge, Ihre bisherige Tätigkeit bleibt erhalten und wird integriert. Sie bekommen jede Unterstützung, die Sie brauchen, einschließlich Weiterbildung."

Ich bin Pädagoge und habe keine Ahnung von Marketing. Verdammt. Es interessiert mich nicht. Eingestellt wurde ich als Bildungsreferent. Aber aus der Nummer komme ich nicht raus. Keine Chance. Das bedeutet mehr Arbeit, mehr Verantwortung, aber vielleicht auch mehr Gehalt. Ich schaue in den Park. Die Eichhörnchen springen aus luftiger Höhe von Baum zu Baum und landen sicher. So mache ich es auch. Ich springe einfach und hoffe, sicher zu landen. Jetzt gehe ich erst einmal in die Mittagspause. Zum Stehitaliener.

Plötzlich stehst du neben mir und lachst mich frech an: „Ich glaube, Sie essen gerade meine Nudeln". Ich sehe dich an, dein schönes Gesicht, die markant gebogene, lange Nase, die kurzgeschnittenen, rötlich-blonden Haare. Wie ein Junge.

Von den Stehtischen, erhöht auf einer Empore, haben die Gäste einen freien Blick in die offene Küche zu Theresa, der kleinen, untersetzten italienischen Köchin. Die Nudeln dauern etwas länger. Sobald sie al dente sind, stellt sie den Teller auf die Theke und bedient den Klingelknopf. Vertieft in ein Gespräch mit deiner Arbeitskollegin hast du den Klingelton überhört, und ich war zu voreilig.

1

Der Sommer hatte noch lange nicht seinen Höhepunkt erreicht, und der Tag war unerwartet heiß. Deshalb zogen wir den Biergarten dem französischen Restaurant vor, in das ich dich zur Wiedergutmachung eingeladen hatte. Wir waren früh am Abend unterwegs, der Biergarten nur zu einem Drittel belegt. Direkt am Ufer des kleinen Sees mitten im Englischen Garten ergatterten wir einen Platz. Wir haben uns schnell geeinigt, und ich holte uns Steckerlfisch mit Kartoffelsalat und zwei Weizenbier. Für dich ein Alkoholfreies, weil du noch mit dem Auto fahren musstest.

Ich hörte dir gerne zu, deine warme, volle Stimme. Deine Gestik. Wenn du etwas betonen wolltest, hast du mit Mittel – und Zeigefinger der rechten Hand geschnipst und den Zeigefinger in die Luft gestreckt. Du hast mir erzählt, dass du schon einmal verheiratet warst. Die Ehe bestand aus Sport, Tennis, Rennradtouren, Bergsteigen. Zuviel Sportschau. Deine Interessen Kunst und Literatur? Keine Chance. Du sagtest: „Simone de Beauvoir hat mich gerettet". Dabei verformte sich dein Mund zu einer kleinen Schnute, und ich bemerkte die Grübchen an deinen Wangen. Ich schätzte damals dein Alter auf Anfang 30. Gut geschätzt. Später erfuhr ich, dass du 34 Jahre alt warst, 8 Jahre jünger als ich.

Die Zeit verging. Du schautest auf die Uhr. „Schon 21 Uhr. Schade, aber ich muss aufbrechen. Noch 30 Kilometer Fahrt bis nach Rosenheim. Ich plane, nach München zu ziehen. Mein Auto habe ich vor dem Büro geparkt." Ich bot dir an, dich zurückzubegleiten. Unterwegs haben wir auf einer Parkbank Rast gemacht, um den Abend ruhig ausklingen zu lassen. Wir saßen schweigend nebeneinander, du bist nahe an mich herangerückt, hast deinen Arm um meine Schulter gelegt, mich an dich gezogen und auf den Mund geküsst.

2

An einem Sonntag im Juli hast du mich das erste Mal besucht. Wir hatten uns für 11 Uhr verabredet. Ich ließ die Haustüre offen und erwartete dich vor dem letzten Treppenabsatz. Schneller als erwartet kamst du mir entgegen, nahmst sportlich-behände die letzten Stufen. Rotes Kostüm mit taillierter Jacke, lässig hing die kleine schwarze Handtasche über deiner Schulter. Die türkisgrünen Ohrstecker bemerkte ich erst bei dem flüchtigen Willkommenskuss auf deine Wange. „Tolles Kostüm. Steht dir gut. Herzlich willkommen." „Puh, fünf Stockwerke ohne Aufzug. Kleine sportliche Aktion."

Damals ahnten wir noch nicht, dass wir einmal in der Wohnung zusammenleben würden und der fehlende Aufzug ein Problem werden sollte.

„Komm herein. Darf ich dir etwas zum Trinken anbieten, Wasser, Espresso?" „Gerne, ein Glas Wasser. Ich setze mich erst einmal."

„Du hast eine schöne Altbauwohnung, darf ich mich ein bisschen umschauen? Ich bin immer neugierig zu sehen, wie Leute wohnen." Du standst vor meinem Bücherregal. „Interessant, hier finde ich die ganzen Existenzialisten, Beauvoir, Beckett, Camus, Sartre. Und so schön ordentlich nach Autoren geordnet. Hast du die vielen Bücher im Regal alle gelesen? Was ich vermisse, ist, Fontanes *Effi Briest,* mein eigentliches Lieblingsbuch."

„Anna, wir müssen langsam los. Für 13 Uhr habe ich zwei Plätze reserviert in einem italienischen Restaurant. Es liegt gleich ums Eck und wir können bei dem schönen Wetter im Freien sitzen."

Ursprünglich hatten wir vor, in eine Ausstellung zu gehen, aber das Wetter war zu schön. Nach dem Lunch fuhren wir mit der Straßenbahn zum Nymphenburger Schloss und gingen händchenhaltend spazieren. Wir waren nicht die Einzigen, auch andere, viele ältere Paare, absolvierten ihren Sonntagsspaziergang im Schlosspark. Eine Biedermeier-Szenerie. Sie erinnerte mich an den Künstler FK Wächter und seinen Cartoon „Ältere Herrschaften im Park", denen Jugendliche auf den Mantelrücken Zettel mit der Aufschrift „Wir haben gefickt" geklebt haben. Einen Augenblick dachte ich daran, dir meine Eingebung mitzuteilen. Aber ich kannte dich noch nicht gut genug.

Für den Abend hatte ich ein paar Häppchen hergerichtet, und ich fragte dich, ob ich dir noch ein Glas Wein nachschenken dürfe. „Lieber nicht, ich muss ja noch heimfahren." „Eigentlich ist es umständlich, heute noch zurückzufahren und morgen wieder nach München. Wenn du hier übernachtest, kannst du noch ein Gläschen Wein trinken, und ich lese dir später eine Gute-Nacht-Geschichte vor. Falls du etwas brauchst, Schlafanzug, Zahnbürste, Nachtcreme, Pads zum Abschminken: Habe ich alles da."

Vor einigen Jahren hatte ich den Film *American Gigolo* gesehen, mit Richard Gere in der Hauptrolle. Der hatte so ein Package dutzendweise in seiner Penthouse-Wohnung, für seine Kundinnen, alles in Zellophan verpackt, aufbewahrt in Glasschubladen. Das fand ich ziemlich cool, und aus einer Laune heraus habe ich mir ein paar Tage danach ein Exemplar eines solchen Sets zugelegt, nur nicht in Zellophan verpackt, und den Damen-Schlafanzug in der Größe 38. Das entsprach dem Standard meiner Frauen und passte auch für die Größe 36.

Anna schaute mich naiv-lächelnd an. „Brauche ich nicht, ich habe meinen kleinen Reisekoffer dabei. Im Auto." Wir schauten uns an und prusteten los. „Oh Mann, nicht was du denkst. Den habe ich immer dabei, wegen der unverhofften Dienstreisen."

Ich fühle deinen Rhythmus; wenn ich die Augen öffne, sehe ich deine kleinen, festen Brüste, die sich auf und ab bewegen. Du beugst dich zu mir, schmiegst deine Wange an meine und flüsterst mir ins Ohr: „Ich bin bei dir."

3

Der Vorschlag kam von Selma, der griechischen Frau eines Arbeitskollegen. Sie hatte uns zusammen mit anderen Freunden zum Abendessen eingeladen. Selma schwärmte von Sifnos, einer kleinen Insel in der südlichen Ägäis. Ihre Eltern besaßen dort ein Ferienhaus, in dem sie als Kind ihre Schulferien verbrachte.

„Wenn ihr einen schönen Liebesurlaub verbringen wollt, kann ich euch die Insel sehr empfehlen. Ein Kleinod, drei Stunden mit der Fähre von Athen entfernt. Touristisch nicht überlaufen, mit wunderschönen Stränden. Unser Ferienhaus lag im Ortsteil Artemonas. Dort besuchten wir immer ein Restaurant mit vorzüglicher lokaler Küche. Vor allem frischen Fisch. Den Namen des Restaurants habe ich vergessen, aber es liegt am Ende der Hauptstraße, die durch diesen Ortsteil führt, etwas tiefer gelegen. Steintreppen führen von der Straße hinunter zu der großen Terrasse. Leicht zu finden, falls es noch existiert."

Ein halbes Jahr später landeten wir mit der Fähre von Athen in Sifnos und spazierten direkt ins Tourist-Office. Wir hörten Artemonas und freuten uns. Ein junger Grieche, der lässig hinter der Theke stand und leidlich gutes Englisch sprach: „I can offer you the windmill in Artemonas. A lovely place, three miles from here. You can take a taxi".

Zur Windmühle, auf einer Anhöhe, führte eine schmale, gepflasterte Treppe. Die Vermieter, ein mittelaltes Pärchen, erwarteten uns mit frischer Bettwäsche samt Handtüchern. Sie waren sichtlich erfreut, uns als Gäste zu beherbergen und gaben uns zu verstehen, dass sie die Windmühle vor kurzem erworben hatten und wir ihre ersten Gäste waren.

Alles neu renoviert. Unten eine große Essküche, daneben ein noch größerer Wohnraum. Von dort führte eine hölzerne Wendeltreppe in eine Schlafkoje mit angeschlossenem Bad und Duschkabine.

In der Nacht wachte ich auf, hörte den Wind um die Mühle tanzen und spürte dich ruhig atmen. Ich drehte mich auf die andere Seite und schlief wieder ein. Am Morgen schlich ich mich zur Dusche, kam zurück und setzte mich auf den Bettrand. Durch die Jalousien fielen Lichtstreifen auf dein Gesicht, Du öffnetest die Augen und ich dachte: *An diesem Morgen bist Du besonders schön.* „Anna, wir machen uns fertig und frühstücken in einem Café am Marktplatz. Dort finden wir auch einen Motorradverleih."

Wir saßen im Freien, und das hübsche, dunkelhaarige Mädchen brachte uns schwarzen Kaffee, Obst, griechischen Joghurt, Toast, Butter, Käse und Marmelade. Der Motorradverleih hatte vor allem Mopeds im Angebot, aber auch zwei Geländemaschinen und drei Motorroller. Ich liebäugelte mit einer Geländemaschine. Anna bevorzugte den Motorroller. Wegen der Farbe. Rot. „Sie passt zu unseren Flitterwochen, mein Liebling."

Wir packten unsere Badesachen und fuhren die schwarz glänzende Serpentinenstraße hinunter zum Strand. Als wir ankamen, kurz vor Mittag, hatte die Hitze ihren Höhepunkt erreicht, und der Schatten des einzigen Baumes war schon lange von einem anderen Pärchen okkupiert. Es scherte uns nicht. Wir rannten gleich in die Brandung und schwammen um die Wette hinaus ins Meer. Bevor wir umdrehten, haben wir auf der Stelle Wasser getreten, uns umschlungen, geküsst, sind untergetaucht, prustend wieder hochgeschossen und zurückgeschwommen.

„Lass uns noch ein Sonnenbad nehmen, damit wir schön braun werden." „Das ist gut", sagtest du, holtest tief Luft und strecktest dich auf dem Badelaken auf dem Sand aus, der warm war von der Mittagssonne. Ich sah dein klares Gesicht, dein nasses Haar, deine glatte Haut und deinen schönen Körper. Die Schlafkoje wurde unser Liebesnest. Wenn wir vom Strand und unseren Ausflügen zurückkamen, zogen wir schon auf der Wendeltreppe unsere T-Shirts aus, hüpften ins Bett und liebten uns. Manchmal waren wir zu müde und zu träge, um uns zu lieben, und wir kuschelten uns ein. Du lagst immer mit dem Gesicht zur Wand, hast das rechte Bein angewinkelt, und ich habe mich von hinten an dich gedrückt und dich umarmt. Wir schliefen ein.

Ich wachte auf, griff neben mich und spürte, dass du nicht da warst. Ich lief die Wendeltreppe nach unten, durch das Wohnzimmer, die Küche, und trat barfuß ins Freie auf die gepflasterte Terrasse. Mit dem Rücken zu mir standst du da, in einer langen Hose und dem blauen Leinenhemd, das ich so mochte, und decktest den kleinen runden Terrassentisch. Du blicktest dich um, kamst auf mich zu, hast mich umarmt und auf den Mund geküsst: „Alles Gute zum Geburtstag, Tiger." Tiger – der Kosename war plötzlich in der Welt. Bis heute weiß ich nicht woher, und was Du damit assoziiert hast. Aber er gefiel mir.

„Geh duschen und mach dich fertig, ich decke solange den Tisch für das Frühstück." Vom Meer her wehte eine leichte Brise. Wir saßen auf der kleinen Terrasse zwischen dem Treppenaufgang und dem Eingang zur Küche. Über das kleine Mäuerchen schauten wir zum Meer über die blauweißen Häuser der Inselbewohner hinweg. Du standst auf, bist mir mit der Hand durch das Haar gefahren und in der Wohnung verschwunden. Als du zurückgekommen warst, sagtest du: „Überraschung!", und legtest mir ein in Geschenkpapier eingewickeltes Buch auf den Tisch. Ich packte es aus: *Effi Briest* von Fontane. „Oh, eine schöne Überraschung. Vielen Dank, meine Liebe." Ich gab dir einen Kuss und schlug vor, heute einen Lesetag einzulegen und am Abend bei dem Griechen zu feiern.

Wir gingen nicht jeden Tag zum Strand oder erkundeten die Insel. Wenn es uns zu heiß war oder wir einfach keine Lust auf Unternehmungen hatten, blieben wir zu Hause. Um die Windmühle wehte immer eine leichte Brise, die Kühle mitbrachte und die Mücken fernhielt. Ich erinnere mich noch, wie du dich lustig gemacht hast über meinen kleinen Koffer voller Fachliteratur über Marketing: „Oh mein Gott, ich dachte, wir machen hier Urlaub." Ich erläuterte dir, dass ich mir ja irgendwann Kompetenz aneignen müsse. Von meiner ungewollten Beförderung hatte ich erzählt. „Ich fange damit an, solange du bei mir bist. Wenn ich etwas nicht kapiere, frage ich dich. Du bist schließlich die Betriebswirtin." Du hast gelacht. „In meinem Studium spielte Marketing noch keine große Rolle, but I will try my very best. Aber so machen wir es. Du stellst die Fachfragen, und ich erzähle dir Geschichten aus meinen Romanen."

Das Restaurant in Artemonas, das Selma empfohlen hatte, war immer noch in Betrieb, und wir hatten es schon ausprobiert. Es zog die Touristen an, von denen wir einige kennenlernten. Aber nur für ein, zwei Abende. Die meisten waren Inselhopper von den nahe gelegenen großen Inseln Mykonos, Milos und Naxos. Drei Wochen auf unserer kleinen, bezaubernden Insel. So lange verweilte niemand außer uns.

An diesem Abend hatten wir einen kleinen Tisch für uns reserviert, etwas abseits. Es war mein Tag, und ich wollte mit niemandem kommunizieren, außer mit Anna. Wir bestellten einen Vorspeisenteller für uns beide, mit Pita-Brot, Tsatsiki, Schafskäse und gefüllten Weintraubenblättern. Als Hauptspeise frischen lokalen Fisch. Dazu tranken wir kühlen Weißwein. Die Taverne lag nicht weit von unserer Windmühle entfernt. Wir hatten vorzüglich gespeist, fühlten uns gesättigt, und spazierten eng umschlungen die schmalen Mauergässchen entlang der mondänen Ferienhäuser von Artemonas, zurück zu unserer Windmühle. Auf unserer Terrasse bat ich dich, stehen zu bleiben und einen Moment zu verweilen. Ich hatte etwas vorbereitet. Ich ging in die Küche und holte die eisgekühlte Flasche Sekt aus dem Kühlschrank. Champagner wäre mir lieber gewesen, aber das hatte der Supermarkt nicht im Angebot. Ich dröselte den Draht des Verschlusses auf und drehte ganz vorsichtig den Korken aus der Flasche, weil ich nicht wollte, dass es knallt. Es sollte eine Überraschung sein. Es entsprach nicht meinem Stil, aber in Ermangelung von Sektgläsern füllte ich den Sekt in zwei Weingläser und betrat damit die Terrasse. Du hast mich bemerkt und angelächelt. Ich stellte mich vor dich, stieß mit dir an und sagte: „Es ist wunderschön mir dir." Wir stellten die Gläser auf das Mäuerchen und schauten hinunter auf die Häuser. Die Insel wurde noch nicht von der Beleuchtung der Straßen und Plätze heimgesucht. Ungehindert leuchteten der Sternenhimmel und der Mond. In ein paar vereinzelten Häusern brannte hinter den Fenstern ein Licht.

Du sagtest: „Ich kenne dich noch nicht lange, und trotzdem bist du mir so vertraut. Ich fühle mich aufgehoben bei dir. So ein Gefühl hatte ich noch nie. Wie zwei Lebenslinien, die sich treffen und von jetzt an in einem Strang weiterlaufen. Mein Ehemann war beim Bundesgrenzschutz, dann hatte ich eine kurze Affäre mit einem Architekten. Vielleicht liegt es daran, dass du Pädagoge bist." Ich umfasste Annas Taille und zog sie eng an mich.

Ich hatte mehrere wechselnde Beziehungen in den vergangenen Jahren. Die letzte hielt drei Jahre, immer wieder unterbrochen von mehr als einem Dutzend Trennungen. In meinem Freundeskreis avancierte dies zu einem amüsanten Gesprächsthema. Wir trafen uns immer wieder im Bett. Das war es nicht, was ich wollte. Ich wünschte mir einen Menschen, mit dem zusammen ich der Welt mein Leben abtrotzen konnte. Und plötzlich stand er vor mir. Anna.

4

Der Urlaub neigte sich dem Ende zu. Am letzten Septembertag, morgens, ging unsere Fähre zurück nach Athen. Sie kam von Mykonos. Die Fußgänger mit ihren Koffern, Einzelpersonen, Pärchen, Familien mit Kindern, die motorisierten Touristen und die Einheimischen standen in langen Warteschlangen nebeneinander und warteten. Das Schiff war schon lange entladen und wartete mit heruntergelassener Ladeklappe. Aber nichts passierte. Plötzlich ging ein Raunen durch die Reihen, welches zur Gewissheit wurde. Die Fähre liefe nicht aus. Windstärke 9 sei angesagt, zu gefährlich für eine Fähre mit Passagieren an Bord. Es liefen die ersten Einheimischen durch die Reihen und boten Unterkünfte in der Nähe des Hafens zu erhöhtem Preis an. Du fühltest dich an jenem Tag nicht gut, hattest schon beim Aufstehen Schwindelgefühle, und ich war froh, dass wir ein Zimmer nicht weit von der Anlegestelle anmieten konnten. Ich sagte zu dir: „Das hätten wir geregelt, aber unser Urlaubsflieger, den wir für morgen gebucht haben, ist weg."

Am nächsten Tag lief die Fähre aus. Vom Hotel aus riefen wir in unseren Büros an und teilten mit, dass wir unseren Dienst nicht rechtzeitig antreten könnten. Bei großer Hitze in Athen steuerten wir hektisch das Reisebüro an, bei dem wir gebucht hatten. Längst hatten wir uns mit den Kosten für einen Linienflug angefreundet. In dem Reisebüro erklärte uns eine deutsche Mitarbeiterin, dass Tausende Touristen das gleiche Schicksal mit uns teilten. „Es kann Tage, Wochen dauern, bis Sie einen Flug buchen können. Wir setzen Sie gerne auf eine Warteliste."

Zurück im Hotel kam mir die Idee. Vor über zehn Jahren hatte ich für drei Wochen eine Rucksacktour durch den Peloponnes unternommen und bin mit dem Zug von München nach Athen gefahren. Die Lösung? Du fühltest dich immer noch nicht wohl, und ich bat dich, im Hotel zu bleiben. „Anna, lege dich noch ein bisschen hin. Ich zieh los zum Bahnhof und versuche, Fahrkarten zu bekommen." Die junge Dame am Schalter erklärte mir in gebrochenem Englisch, dass die Bahnmitarbeiter die letzten drei Wochen gestreikt hätten, die Bahn ab morgen wieder fahre, es aber noch keinen Fahrplan und keine Fahrkarten gebe. Ich sagte ihr: „Meine Mutter liegt im Sterben, ich möchte sie unbedingt noch lebend sehen, und wir bekommen wegen des Sturms kein Flugzeug. PLEASE!" Ich setzte eine verzweifelte Miene auf und schob ihr einen 100-D-Mark-Schein durch den Schalterschlitz. Sie sagte: „Because of crisis situation", lächelte gequält und druckte die Tickets aus. Zweimal erste Klasse Schlafwagen, morgen Abend um 22 Uhr.

Auf dem Bahnhof wimmelte es von Menschen. Der Zug kam pünktlich. Wir hievten die Koffer in den Waggon und suchten unser Abteil. Sehr stilvoll, holzgetäfelt, die Armaturen am Waschbecken aus Messing, wie bei dem alten Orientexpress um die Jahrhundertwende. Ich verstaute die Koffer, schob das Fenster herunter und sah auf dem Bahnsteig noch dieselbe Anzahl von Menschen wie zuvor. Ich drehte mich zu dir um. „Anna, schau dir das mal an. Außer uns ist niemand eingestiegen?" Ich streckte meinen Kopf weiter aus dem Fenster und sah die Anzeigentafel: Thessaloniki, die Anzeige unter unserem Zug nach München. „Anna, die fahren alle nach Thessaloniki. Ich glaube, wir befinden uns in einem Geisterzug."

Wir liefen durch die Gänge, schauten in alle Abteile. Leer. Auch kein Schaffner weit und breit. Es ging dir wieder gut, und du sagtest: „ Das wird ja spannend, zum Glück haben wir Mineralwasser, Rotwein und Plätzchen dabei. Aber wir können auch nach dem Speisewagen Ausschau halten."

Im Speisewagen herrschte Partystimmung, Musik erklang aus dem Hintergrund. Der Schaffner, die Kellner – eine Frau und ein Mann – und der Koch, wie sich herausstellte, saßen an einem Tisch, lachten, gestikulierten wild, redeten durcheinander und tranken griechischen Wein. Die lustige Gesellschaft begrüßte uns freudig, rückte zusammen und bot uns zwei Plätze an. Der Schaffner sprach leidlich deutsch und übersetzte für die anderen. Nachdem der Zug angefahren war, bereitete der Koch zusammen mit der Kellnerin ein Gemeinschaftsmahl für uns alle. So eine Art Zwiebelrostbraten mit Bratkartoffeln. Für so ein schweres Essen war es uns um diese Uhrzeit eigentlich zu spät. Aber wir hatten den ganzen Tag nichts gegessen, waren hungrig, und es war uns in dem Moment alles egal.

Ich sagte: „Anna, eine Liege für uns beide ist zu eng. Willst du lieber oben oder unten schlafen? Ich glaube, ich schlafe lieber unten, dann tut sich jemand schwerer, dich zu entführen."
„Können wir machen. Ich habe irgendwie zu viel Wein getrunken und zu viel gegessen. Die Hauptsache, ich liege bald in der Koje. Hoffentlich falle ich nicht runter."

Im Halbschlaf hörte ich das Rattern des Zuges. Ratatatatatat... Die Gleise hier hatten noch Ausdehnungsfugen, die es in Deutschland schon lange nicht mehr gibt. Die monotonen Geräusche wirkten einschläfernd auf mich.

Ich wachte schlagartig auf. Kein Fahrgeräusch, keine Zugbewegung. Aber irgendwoher ein fernes Donnern. Ich schaltete die Leselampe ein. 4 Uhr. Ich stand auf, schob das Fenster nach unten und schaute in die Nacht. Der Zug stand auf offener Strecke. In der Ferne ein gelbrotes Leuchten und immer wiederkehrend ein Bums wie Kanonendonner. Im Hotel hatte uns das Personal davor gewarnt, mit dem Zug durch Jugoslawien zu fahren, weil dort gerade die kriegerischen Auseinandersetzungen begannen.

Du strecktest den Kopf über den Rand der oberen Liege und fragtest schlaftrunken: „Tiger, was ist los?" „Nichts, Anna, mache dir keine Sorgen. Ich lasse nur ein bisschen Luft in unser Abteil. Schlaf ruhig weiter."

Der Zug kam pünktlich an. 16 Uhr München Hautbahnhof. Wir nahmen ein Taxi zu meiner Wohnung. Auf der Bettdecke, auf dem Boden, dem Bücherregal, überall gelbbraune Vogelscheiße. Als Frischluftfanatiker, der ich bin, hatte ich dummerweise die Balkontüre gekippt. Durch diesen Spalt muss ein Vogel in die Wohnung gekommen sein. Wir zogen die Betten ab, reinigten alles und suchten, mit den Knien auf dem Boden kriechend, den toten Vogel. Haben ihn aber nie gefunden.

5

Umzug. Die neue Wohnung in der Nähe deiner Arbeitsstelle. Von meiner Wohnung etwas weiter entfernt. Aber beide waren durch eine direkte Buslinie verbunden. Ich war angenehm überrascht, wie viel Energie dieser Umzug in dir entfacht hat. Du hast mir gleich angekündigt: „Wir können jetzt noch viel mehr gemeinsam unternehmen." Als erstes der Segelkurs am Starnberger See. Wir haben zwei Wochen Urlaub genommen, sind jeden Tag mit dem Auto zum See gefahren. Die Kursleiterin, ein rustikales Mannweib und erfahrene Seglerin, konnte sehr unwirsch werden, wenn wir in der Theorie den Palstek-Knoten nicht sofort hinbekamen. Es hat uns nicht weiter beeindruckt; mit den anderen Teilnehmern hatten wir viel Spaß, vor allem bei den Segelübungen auf dem Wasser. Weniger unterhaltsam empfand ich die Theorie. Irgendwelche Regeln auswendig lernen. Das lag schon Jahre hinter mir. Wir bestanden die Prüfung und erlangten den Sportboot-Führerschein Binnen.

Bei günstigem Wetter haben wir die anschließenden Sommerwochenenden unserer neuen Leidenschaft gewidmet. Am Chiemsee entdeckten wir eine Segelschule, die unkompliziert Boote verlieh. Die beiden letzten Wochenenden, die wir am See verbrachten, wehte ein laues Lüftchen, und wir konnten kaum Fahrt aufnehmen. Anna saß neben der schlaffen Fock und sagte: „Tiger, wir müssen ans Meer. Nächstes Jahr machen wir Urlaub in Italien und verbinden das mit segeln."

Auf der Insel Elba gibt es drei deutsche Segelschulen. Eine davon in der Bucht von Bagnaia, direkt gegenüber von Portoferraio. Dort haben wir einen weiterführenden Kurs für eine Woche gebucht.

Bisher segelten wir mit einfachen, behäbigen Jollen. Ich weiß es nicht mehr genau, aber unser Übungsboot war auch eine Jolle, aber schnittiger, schmaler und vor allem schneller als die Boote, die wir kannten. Dazu pfiff ein scharfer Wind durch die Bucht. Die erste Wende bekamen wir noch hin, bei der Halse wären wir fast gekentert. Am Ende der ersten Segeleinheit, bei der Lagebesprechung in der Eisdiele, nahm uns der Kursleiter, ein rothaariger, hagerer Typ aus Norddeutschland, zur Seite und meinte, dass wir zu wenig Erfahrung für diesen Kurs hätten.

Am nächsten Morgen haben wir im Büro der Segelschule den Kurs storniert und uns ein vertrautes Boot gemietet, um einfach ungestört herumzuschippern. Wir wollten keinen Stress. Der Kursleiter war uns von Anfang an unsympathisch.

Zum Abschluss veranstalteten die drei deutschen Segelschulen eine Regatta. Wir nahmen daran teil. Ich sagte zu Anna: „Ausnahmsweise, für dieses eine Mal: Setze dich bitte an die Fock, sage keinen Ton und führe nur die Befehle aus, die ich gebe." Anna sagte: „Yes, Sir." Der Wettbewerb fand in unserer Bucht statt, die Strecke war durch Bojen markiert. Noch nie hatte ich mich so konzentriert. Ich sah nur Bojen, setzte die Segel so, dass wir schnell Fahrt aufnahmen und nahm die kürzesten Wege, knapp an den Bojen vorbei. Wir wurden Dritter.

Am Abend bei der Siegerehrung im Garten des Hotels holte uns der Chef der Segelschule auf die Bühne und überreichte die Urkunde. Dritter Platz. Ich trat ans Mikrofon und sagte: „Meine Freundin Anna und ich freuen uns riesig und bedanken uns für die Urkunde. Gleichzeitig sind wir über uns selbst überrascht und erstaunt zugleich, weil wir nach Ansicht unseres Kursleiters gar nicht segeln können und deshalb den gebuchten Kurs wieder stornierten."

Später, am Buffet, trat der Inhaber der Sportschule an mich heran und bat mich, ihm die Angelegenheit näher zu schildern.

Die Urkunde bekam einen festen Platz in meinem persönlichen Archiv.

6

„Anna, ich weiß nicht, ob das so eine gute Idee ist. Ich habe keine große Lust darauf." „Jan, das macht total Spaß. Tanzen heißt Bewegung und körperliche Kommunikation. Paare, die tanzen, trennen sich seltener und leben länger." „Ich will gar nicht so lange leben."

Wenn du eine Idee hattest, hast du immer dafür gebrannt. Dein Elan hat mich mitgerissen.

Der unscheinbare Eingang des ausgelagerten Tanzsaales lag in einer Einkaufspassage im Zentrum der Stadt. Die Treppe führte in einem Linksbogen nach unten in die Garderobe. Von dort gelangte man in den quadratischen Tanzsaal, an dessen Seiten kleine Tische mit Stühlen platziert waren. Die Wände waren braun und ockerfarben. An der Decke, in der Mitte, drehte sich bei einsetzender Musik eine silberne Discokugel, aus der Lichtblitze zuckten.

Die Paare standen unschlüssig herum; etwa die Hälfte schätzte ich älter ein als uns. Sofort aufgefallen ist mir ein sehr junges, schönes Pärchen. Als wir sie später näher kennenlernten, erzählten sie uns, dass sie für ihre Hochzeitsfeier tanzen lernten. Bevor es losging, stellte sich Sybille, die Tanzlehrerin vor. Ein hagerer, burschikoser Typ mittleren Alters. Vom Akzent her kam sie aus Norddeutschland. Statt Ferse benutzte sie den Begriff Hacke. „Beim Schritt nach vorne treten Sie mit der Hacke auf." Sie erklärte die Tanzschritte kurz und knapp. Um die Figuren als Paar vorzuführen, holte sie sich jemand aus den Reihen der Tanzschüler.

Nach der ersten Stunde sagte ich zu Anna auf dem Heimweg: „Ich finde alles ein bisschen spießig." „Jan, da müssen wir durch. Du wirst sehen, irgendwann macht es uns Spaß." Im Laufe der Zeit fanden wir tatsächlich Freude daran, und wir erwarben unsere nächste Urkunde, das deutsche Tanzabzeichen in Gold.

Danach tanzten wir in einer Hobbygruppe; jeden Samstag war Tanzparty. Beim Langsamen Walzer sagtest du einmal: „Allein wegen dieses Tanzes sollten wir heiraten. Wir sind das schönste Paar der Hochzeitsgesellschaft und eröffnen die Feier mit einem langsamen Walzer." Du liebtest, glaube ich, die Rumba am meisten. Langsame Musik zum Schwofen. Mein Lieblingstanz war der Quickstepp. Im Laufe der Wochen wiederholte sich die Musik, und wir konnten gleich loslegen. Booty Swing von Parov Stelar. Ich schnellte hoch. „Anna, Anna, schnell auf die Tanzfläche, Quickstepp". Wir flogen durch den Raum, und du lagst in meinen Armen wie eine Feder.

Unser letzter Tanz. Heute Abend. „Lass uns gehen, wir nehmen ein Taxi". Nach der Tanzparty tingelten wir durch die Bars, bis wir irgendwann in der Victoria-Bar hängen blieben. Sie wurde unsere Hausbar. Angenehmes Publikum unseres Alters, viele Kunstschaffende und Kreative. Jazz-Standards als Hintergrundmusik. Die Barkeeper und ein paar Stammgäste kannten uns schon. Wir reservierten zwei Plätze an einem kleinen runden Tisch und schauten noch vor Mitternacht vorbei, wenn es noch nicht so voll war und keine Gefahr bestand, dass unsere Reservierung von den anderen Gästen ignoriert wurde. Eines Nachts gesellte sich ein Gast zu uns. Er schnappte sich einen freien Stuhl und setzte sich an unseren Tisch. Er stellte sich als Stephan vor. „Ihre Körpersprache hat mich angezogen. Sie hat eine Harmonie, als ob Sie jede Distanz zwischen sich aufheben wollten." Ich sah ihn fragend an. „Woher haben Sie ein Auge für so eine Beobachtung?" „Ich bin Kameramann von Beruf. Darf ich mal Ihre Berufe raten?" Wir waren amüsiert. „Bitte, wir sind neugierig." Bei dir tippte er auf Journalistin, Feuilleton vielleicht, und bei mir auf Rechtsanwalt oder Chef einer Werbeagentur. Wir ließen ihn im Unreinen. Ich merkte, dass du dich geschmeichelt fühltest und dir der Typ gefiel. Schlank, mittelgroß mit längeren, grauen Haaren, schwarz gekleidet. Es entwickelte sich ein kleiner Flirt. Du hast gerne geflirtet und es genossen, wenn dich Männer attraktiv fanden. Zu der Zeit hattest du noch nicht diese bedingungslose Loyalität mir gegenüber. Ich glaube nicht, dass du mich jemals betrogen hast, aber wenn, dann mit einem sehr schlechten Gewissen. An diesem Abend wurde ich nicht nervös, aber ein bisschen eifersüchtig. Ich drängte darauf, etwas früher als sonst zu gehen.

Als wir in meinem Mietshaus im Parterre die erste Treppe hinaufgehen wollten, lag dort, über mehrere Stufen verteilt, ein fetter, blutiger Tunfisch von dem japanischen Sushi-Restaurant im Erdgeschoß. Um die Treppe hinaufzusteigen blieb uns keine Wahl als uns am Geländer festzuhalten und über den glitschigen Fisch zu steigen, bis ich links an der Wand noch einen kleinen, fußbreiten Abstand auf den Stufen entdeckte. Mit der linken Handfläche uns an der Wand abstützend, balancierten wir Fuß vor Fuß setzend an dem fetten Tunfisch vorbei.

In meiner Wohnung ließen wir uns auf die Couch plumpsen. „Anna, möchtest du noch einen Drink? Der Kameramann hat dir gefallen. Wenn du mich einmal betrügst, erschieße ich dich und deinen Liebhaber. Das ist dir doch klar." Du hast gelacht, „mach dir mal keine Sorgen, mein Lieber", und bist mit deiner Hand durch mein Haar gefahren.

Die Dusche hatte mir gut getan. Ich stand vor dem Waschbecken und habe mir die Zähne geputzt, als du aus der Dusche herauskamst. „Anna, bleib mal stehen, ich trockne dich ab." Ich schnappte mir das große Badehandtuch, stellte mich hinter dich und fing bei den Schultern an, wischte über deine Brüste bis runter zu deinem Schritt und drückte das Handtuch leicht reibend zwischen deine Beine. Du hast den Kopf zu mir nach hinten gedreht und gefragt: „Hallo Tiger, hast du heute noch was vor? Ausnahmsweise?"

Nach unseren nächtlichen Touren am Samstag kamen wir immer sehr früh am Morgen zurück, waren angeheitert und müde, duschten den Schweiß weg, sanken ins Bett und schliefen sofort ein. Den Sex holten wir am Sonntagmorgen nach. Ein immer wiederkehrendes Ritual vor dem Frühstück.

Es hat sich mir eingeprägt.
Ich wache auf. Dein Platz ist nicht mehr belegt.

Die Vollkornsemmeln holte ich frisch vom Bäcker, dazu aßen wir Comté-Käse, lange gereift, weichen Ziegenkäse und Marmelade. Manchmal zusätzlich zwei Rühreier. Vorher immer ein Schälchen Obst. Dazu eine Kanne English Breakfast Tea.

Einige unserer Essgewohnheiten habe ich geändert. Werktags mache ich mir jetzt immer ein Porridge aus Hirsebrei. Aber werktags haben wir sowieso nie zusammen gefrühstückt.

Unsere Frühstücksgewohnheiten am Sonntag habe ich beibehalten Die Sonntage widme ich dir, unternehme nichts und halte viele Rituale aufrecht, auch den *Internationalen Frühshoppen* schaue ich an und esse am Abend Nudeln mit Gemüsesoße. Ich habe immer noch keine Lust, am Sonntag groß zu kochen.

Vielleicht verkläre ich meine Erinnerung, aber unser Begehren hat über die Jahre nie nachgelassen. Es gab Wochen, eine Woche, zwei Wochen, wenn ich oder du auf einer Dienstreise waren, wo wir uns nicht sehen konnten. Wir wollten nicht so lange warten, haben uns begehrt und uns per Telefon stimuliert. Ich lag quer über dem Hotelbett und hatte eine gute Technik entwickelt, den Telefonhörer zwischen meinem Ohr und der rechten Schulter einzuklemmen, damit beide Hände frei blieben.

7

Beim Aufräumen und Aussortieren fiel mir wieder die DVD in die Hände mit den digitalisierten Dias von unseren Reisen. Jahrelang hatte ich diese Arbeit vor mit hergeschoben, weil ich Respekt hatte vor dem Riesenberg an Arbeit und den Kriterien des Aussortierens.

Als erstes kamen die Bilder von unserem ersten Silvesterball im Park Hilton. Den hatte ich schon vergessen, so lange ist das her. Eine Fotografin lief zwischen den Tischen herum und fotografierte. Etwas abseits konnte man sich in Pose stellen. Diese Bilder. Wir machten was her, wie man so sagt. Ein schönes Paar. Du in einem smaragdgrünen, langen Abendkleid und ich in einem modern geschnittenen Smoking. Beide Kleidungstücke hatten wir eigens für diesen Ball gekauft. Ich erinnere mich, wie du beim Anprobieren in der Wohnung sagtest: „Hallo, junger Mann, Sie schauen gut aus im Smoking mit ihren schwarzen Haaren und den buschigen Augenbrauen."
    An unserem Tisch wurde eine Familie, Sinti oder Roma, mit zwei bildhübschen Töchtern platziert, ein Teppichhändler aus Frankfurt. Er hat uns gleich am Anfang seine Visitenkarte überreicht. Sie wohnten hier im Hotel. Zum Tanz spielte die Pepe Lienhard Big Band. Wir waren froh mit einer Liveband unsere Tanzleidenschaft einmal außerhalb des biederen Flairs der Tanzschule ausleben zu können. Die Familie an unserem Tisch tanzte nicht. Bei meinem Versuch, eine der beiden Töchter aufzufordern, senkte sie die Augen und blieb regungslos sitzen. Der Vater ließ sich von seinen Frauen bedienen. Sie brachten ihm die Speisen vom Buffet. Dazu trank er ein Pils nach dem anderen und zusätzlich eine Flasche Metaxa. Wir merkten es ihm nicht an, weder bei seinem Gang zur Toilette, noch bei den Gesprächen.

Nach drei Uhr hatten sich die Reihen merklich gelichtet, und wir genossen es, bei meinem Lieblingstanz Quickstepp ungestört über die Tanzfläche zu flitzen.

Die vielen Urlaubsbilder. In welche Stimmung sie mich transportierten. Traurig und schön zugleich. Die Reise nach Florenz, mit Zwischenstopp in Desenzano am Gardasee. Der Gardasee sollte noch oft unser Ziel sein, später, als es für dich immer beschwerlicher wurde zu reisen.

Ich hatte die Anzeige von Florenz im Reiseteil der Süddeutschen Zeitung entdeckt. Schon der Stil der Anzeige signalisierte eine gewisse Eleganz. Der Eingang der Parterrewohnung lag in dem Innenhof eines alten Miethauses, den wir durch eine geschmiedete Eisentüre betraten. Dort erwartete uns eine ältere, vornehme italienische Signora, die uns das Apartment mit den antiken Möbeln vorführte. Sie brauchte diese Einnahmen. Die Lage des Apartments war ideal, nur 15 Gehminuten von den Uffizien entfernt.

Von der Toskana fuhren wir weiter nach Umbrien, zu meinem Studienfreund Thomas. Auf dieser Strecke standen wir fast immer in einem Stau, und ich sagte zu Anna: „Bei der nächsten Tankstelle tanke ich voll, und wir gehen vorsichtshalber noch einmal auf die Toilette." Es war unser dritter Besuch bei Thomas in Umbrien. Anna sagte: „Bin gespannt, was er sich diesmal einfallen lässt. Die Fahrt zu dem aufgelassenen Kloster beim letzten Besuch war ja abenteuerlich." „Stimmt, wie auf einer Safari. Ich dachte schon, unser Auto bricht auseinander." Thomas hatte sehr geheimnisvoll getan. Wir sollten ihm einfach vertrauen und ihm nachfahren. Er fuhr auf der nicht asphaltierten Landstraße mit seinem uralten VW Variant vorneweg und die drei Autos mit seinen Gästen hinterher. An den geparkten Autos vor dem Kloster konnten wir erkennen, dass mehr Leute als nur seine Gäste teilnahmen. Mit geschätzten dreißig Leuten saßen wir an einer großen Tafel in einem Gewölberaum und ließen uns von sehr jungen Mädchen die Gänge-Menüs servieren. Unter der Hand wurde geraunt, es handele sich um ein nicht genehmigtes Restaurant, von der Mafia betrieben.

Nach dem Studium, noch bevor er sich um eine Stelle bewarb, hatte Thomas eine Erbschaft angetreten, mit deren Hilfe er in der Nähe von Preggio am Lago Trasimeno zwei Bergbauernhöfe kaufte, die damals noch erschwinglich waren, schön gelegen zwischen Assisi und Perugia. Als wir anreisten, zwei Jahrzehnte später, musste er sich mit Neureichen herumschlagen, die vor seinem Haus eine hohe Mauer als Sichtschutz errichten wollten. Immobilienfirmen hatten die Gegend entdeckt, renovierten die aufgekauften Bergbauernhöfe, bauten Swimmingpools, umzäunten ganze Anlagen und vermarkteten über das Internet die Objekte für Hunderttausende von Euro an reiche Ausländer.

In einem der Höfe residierte Thomas mit seiner Freundin, in dem anderen Hof hatte er vier Ferienwohnungen eingebaut. Du mochtest Thomas noch mehr als ich, glaube ich. Der Zeitgeist interessierte ihn nicht, er ging nie zum Arzt, sprach fließend italienisch, kochte sehr gut und war dem Wein zugeneigt. Spätestens ab dem Mittagstisch.

Seine Liebe auf den ersten Blick für Italien floss über die Jahre dahin und wurde in dem Meer der täglichen Realitäten etwas verwässert. Nicht nur die Bürokratie, manchmal nervten ihn auch die Verhaltensweisen. Bei unserem letzten Besuch, auf dem Weg zu einem Restaurant, machten wir kurz Halt an einer Apotheke. Er hatte ein Rezept, und ich wollte mir Aspirin kaufen. Vor uns stand eine alte Frau mit Kopftuch, die längst bedient worden war und sich immer noch lange mit der Apothekerin unterhielt. Thomas sagte zu mir auf Deutsch: „Die Italiener sind immer am Quatschen, ununterbrochen." „Über was denn?" „Nur um des Quatschens willen. Warum die Tabletten rund sind und nicht viereckig."

Wir hatten noch eine Woche vor uns. Allein in der Parterrewohnung. Die anderen Gäste, ebenfalls Freunde von Thomas, waren schon nach Deutschland zurückgereist. Das allein stehende Haus lag völlig abseits, am Ende eines Feldweges. Um Mitternacht, kurz vor dem Einschlafen, huschte ein Scheinwerferkegel über unser Fenster, und wir hörten ein Auto, das knirschend auf den Kieselsteinen des Parkplatzes zum Stehen kam. Vom Fenster aus konnte ich einen Kleinwagen erkennen, aus dem ein Pärchen stieg und in Richtung unseres Hauses lief. Sie nahmen, links neben unserem Eingang, die Treppe zur Wohnung im ersten Stock. Du fragtest, wie ich das einschätze. Ich sagte: „Keine Ahnung, vielleicht Gäste, die spät anreisen?" „Aber das hätte er uns doch gesagt." Wir hörten Geräusche, wie Stühlerücken und das Plätschern der Dusche. An Schlaf war nicht mehr zu denken, bis gegen zwei Uhr morgens der Motor gestartet wurde und das Pärchen wieder wegfuhr.

Als ich unsere Beobachtung am nächsten Tag Thomas erzählte, musste er lachen. „Tut mir leid, aber ich habe vergessen, es mitzuteilen. Verglichen mit Deutschland ist das so eine Art Landrat. Er drückt bei meinen Schwarzbauten immer ein Auge zu. Dafür überlasse ich ihm mit seiner Geliebten die Ferienwohnung. Stundenweise."

Vor unserer Abreise nach Umbrien hatte Anna in einem Antiquariat in Rosenheim ein Fresko mit einer nachgestellten erotischen Szene aus dem alten Pompeji entdeckt. Es war sehr teuer, und ich sagte: „Wir fahren bald nach Italien und können uns dort umschauen." Wir fanden dafür keine Zeit, und am vorletzten Tag fragte ich Thomas, ob er wüsste, wo wir so etwas finden könnten. In Assisi, in Perugia? Er verwies uns auf ein deutsches Künstler-Ehepaar, die etwas abgelegen, aber in der Nähe wohnten. Vielleicht könnten wir dort fündig werden. Die schmale, nicht asphaltierte Straße, gesäumt von Linden und Zypressen, führte zu einem kleinen Schlösschen auf einer Anhöhe. Auf halber Strecke residierte dieses Künstlerpaar, das sich einen Traum erfüllt hatte und vor zehn Jahren mit seinen Kindern nach Italien ausgewandert war. Auf dem Anwesen stand ein einstöckiges Bergbauernhaus und auf dem großen Gelände verstreut lagen schuppenartige Gebäude aus Holz. Wir hatten Glück, früher Nachmittag, die Sonne schien, und die ganze Familie saß an einem Tisch im Freien. Als wir aus dem Auto stiegen, stand die Künstlerin auf und lief uns entgegen. Von dem Anwesen aus hatten wir einen wunderbaren Überblick auf das ganze Tal und den Berg hinauf zum Schloss. Ich habe Lena, der Künstlerin, die Geschichte mit dem Fresko erzählt. Sie sagte: „Damit kann ich nicht dienen, aber ich kann euch gerne meine Arbeiten zeigen. Im ehemaligen Schweinestall habe ich mein Atelier eingerichtet." Wir haben uns alles angesehen, es waren interessante Sachen dabei, aber nichts was uns zusagte. Kurz bevor wir die Führung abrechen wollten, sah Anna zwischen zwei Regalen ein verpacktes, angestaubtes Bild. „Oh, das hatte ich schon ganz vergessen. Ein Frühwerk, packe ich gerne aus." Ein Skarabäus, braunschwarz auf weißem Grund, 120 mal 120 Zentimeter. Das Bild gefiel uns sofort. Der Startschuss für unsere Kunstsammlung.

Wir saßen engumschlungen auf den Steinen des Forum Romanum und lachten entspannt in die Kamera. Keine Ahnung, wer uns damals fotografiert hat. Wir haben wohl andere Touristen darum gebeten. Es war dein Wunsch zu deinem 40. Geburtstag und mein Geschenk. Rom. Der Flug war teuer, es gab noch keine Billigflieger, keine Pubs in Trastevere, und niemand hat bei Junggesellenabschieden in die Brunnen gepinkelt.

Ein kleines verwunschenes Hotel am Ende einer kleinen Straße diente uns als Rückzugsort. Ein spartanisch eingerichtetes Zimmer mit einem französischen Bett und einem kleinen Kühlschrank. Den benutzten wir nur, um Mineralwasser kaltzustellen. Ansonsten bunkerten wir Rotwein und Plätzchen. Restaurants mit Flaggen der verschiedenen Länder und Speisekarten in mehreren Sprachen haben wir gemieden. Nur einmal, am ersten Tag, in der Nähe der Spanischen Treppe, saßen wir am Tisch mit einem reichen amerikanischen Ehepaar, das zweimal im Jahr nach Europa reiste und sich gewundert hat, dass wir nicht jeden Monat nach Paris fahren, wo das doch so nahe läge.

Danach fanden wir ein kleines Restaurant in der Nähe unseres Hotels, das von jungen Leuten betrieben wurde, die überhaupt kein Englisch sprachen. Wir bekamen aber immer leckere Sachen, und sie freuten sich, wenn wir wieder einkehrten. Beim Essen schaute alle zehn Minuten jemand von ihnen vorbei und fragte: „Okay, okay?" und wir antworteten: „Va bene!"

Die aufgeklappten Rollläden schützten unser Zimmer vor der Augustsonne. Trotzdem war das Zimmer nachts, wenn wir heimkamen, noch sehr warm. Wir tranken Rotwein, duschten und legten uns nackt ins Bett, nur mit der dünnen, in Italien üblichen Bettdecke zugedeckt. Wir fühlten uns dabei wie Südländer und dachten, die machen das alle so. Alle Italiener und wir liegen im August immer nackt im Bett. Am Morgen standen wir spät auf, um mit den italienischen Angestellten um 10 Uhr in den Bars bei Café und Brioche zu frühstücken.

Unser entspannter Spaziergang über den Campo dei Fiori endete abrupt, als innerhalb von Minuten ein August-Gewitter mit einem totalen Platzregen über uns hereinbrach. Anna schaute sich um: „Da drüben, die Osteria, schnell, dorthin flüchten wir". Hinter uns quetschte sich noch eine junge Frau in einem blauen Sommerkleid durch die Tür. Ein später Nachmittag, und in dem Restaurant hielten sich nur wenige Gäste auf. Wir wählten einen kleinen Zweiertisch am Fenster mit einem freien Blick auf den Marktplatz mit den herumrennenden Menschen, die Schutz in Geschäften und unter Vordächern suchten. Die junge Frau in dem Sommerkleid setzte sich zwei Tische von uns entfernt, nahm ein Buch aus ihrer Umhängetasche und legte es auf den Tisch. An einem größeren Tisch saß eine Familie, Eltern mit ihren drei Kindern. An der Theke, vor der Espressomaschine, gestikulierten zwei junge Männer und redeten sich lautstark in Rage. Wir hatten keine Ahnung, worum es ging. Eine Besonderheit fiel uns auf. Neben dem Eingang saß die Signora an einem Schreibtisch, rechts seitlich stand eine Kasse, neben der eine kleine, runde Metallplatte mit einem langen Stift platziert war, auf dem sich aufgespießte Bons sammelten. Ich sagte zu Anna: „Das ist sicher die Chefin."

Der Kellner grinste uns an, als wollte er sagen, noch einmal Glück gehabt. Die junge Frau neben uns hatte schon bestellt, sodass wir annahmen, es gibt zu jeder Tageszeit etwas zu essen. Wir bestellten Mineralwasser, zwei Gläser Weißwein und Spaghetti Vongole. Der Regen prasselte immer noch auf den menschenleeren Marktplatz. Die Frau nebenan hatte sich inzwischen in ihre Lektüre vertieft, und wir vertrieben uns die Zeit mit Beobachtungen und der Durchsicht des Reiseführers, um noch eine neue Sehenswürdigkeit zu entdecken. Aber wir hatten alles abgeklappert.

Noch zwei Tage blieben uns, um den Resturlaub in Ruhe genießen zu können. Der Regen hatte nachgelassen und gegen Abend kamen vereinzelt Leute aus der Nachbarschaft, mit Regenschirm oder über den Kopf gezogene Jacken, um vorbestellte Pizzen oder Nudelgerichte abzuholen. Als ein gutaussehender junger Mann hereinkam, huschte ein Lächeln über das Gesicht der Chefin an dem Kassenschreibtisch. Er ging auf sie zu, küsste sie links und rechts auf die Wange, wechselte ein paar Worte mit ihr, bevor er sich hinter sie stellte und ihre Schultern massierte. Die Signora räkelte ihren Kopf nach links und rechts und schien es sichtlich zu genießen. Anna sagte: „Das scheint ihr Sohn zu sein. Das könntest du bei mir auch einmal machen, Jan." „Ja, gerne, aber dabei bleibt es vielleicht nicht."

Als es aufhörte zu regnen, hatten wir gut zwei Stunden in der Osteria verbracht. Die Menschen strömten auf den Marktplatz zurück und erfüllten ihn wieder mit Leben, als sei nichts passiert. Wir beschlossen, nicht mit dem Bus zu fahren, sondern einen kleinen Spaziergang zu unserem Hotel zu machen. Anna sagte: „Im Moment habe ich noch keinen Hunger, aber mal schauen, vielleicht kehren wir unterwegs noch irgendwo ein. Was machen wir eigentlich die verbleibenden zwei Tage?" „Für morgen habe ich Karten für die Gladiatorenkämpfe im Kolosseum. Sie kämpfen diesmal gegen Löwen. Wir sitzen in der ersten Reihe, und es gibt keine schützenden Zäune. Das ist der Gag bei dem Programm." „Wie schön, dass du immer alles organisierst." Sie gab mir einen Kuss und hakte sich unter. „Ich habe keine Angst, ich habe ja einen Tiger an meiner Seite."

Die Dia-Serie war mit unserer Rom-Reise beendet. Bei dem letzten Bild saßen wir eng umschlungen auf der Spanischen Treppe. Ich schaltete den DVD-Player ab und stellte die DVD wieder ins Regal. Weitere Bilder von anderen Reisen hätte ich an diesem Abend nicht verkraftet.

8

Die Rom Reise lag schon einige Monate zurück, als Anna beim Abendessen sagte: „Die Amerikaner in Florenz haben recht, Paris liegt so nahe. Bei mir liegt eine Reise dorthin zehn Jahre zurück, bei dir noch länger. Paris sollten wir uns als nächste Städtereise vornehmen. Ich könnte vorher meine Französisch-Kenntnisse auffrischen."

Anna hatte einen Französisch-Abendkurs am Institut Français ausgewählt. Am Dienstag und Donnerstag kam sie gegen 21 Uhr nach Hause, und ich rief sie an. An diesem Donnerstag ging sie nicht ans Telefon. 21 Uhr 30, sie ging immer noch nicht ans Telefon. Ich wurde nervös, weil sie so zuverlässig war und mich immer verständigte, wenn irgendetwas dazwischen kam. Was sollte ich tun? Zu ihr in die Wohnung fahren? Dann war ich aber nicht mehr erreichbar. Um 22 Uhr klingelte mein Telefon. „Hallo, Jan, ich rufe vom Krankenhaus in Bogenhausen an. Ich bin überfallen worden und musste genäht werden. Bitte, komme schnell vorbei." Ich fuhr gleich los und traf sie an der angegebenen Stelle in der Notfall-Aufnahme. Anna stand da, im Gang, dünn und blass, die linke Hand verbunden und ein großes Pflaster unter ihrem Kinn. „Mein Gott Anna, was ist passiert?" Wir umarmten uns, danach sah ich die Tränen in ihren Augen. „Ich lief vom Bus durch den Park zu meiner Wohnung. Sie waren zu zweit und haben mir die Handtasche weggerissen, dabei ist mir einer mit dem Messer über den Hals gefahren. Zum Glück hatte ich den dicken Schal um meinen Hals gewickelt. Die Schnitte an der Hand kommen von meiner Abwehrbewegung." „Wie geht es dir im Moment, bist du stabil?" „Es geht mir ganz gut, sie haben mir eine Beruhigungsspritze gegeben. Eine Funkstreife fährt mich gleich ins Polizeipräsidium, wo ich noch genaue Angaben machen soll. Du sollst zu mir in die Wohnung fahren, dort wartet eine Zivilstreife. In meiner Handtasche lagen außer dem Geldbeutel alle Ausweise und der Haustürschlüssel." „Ich fahre gleich los und warte dort auf dich."

Die Zivilbeamten begleiteten mich in die Wohnung und schauten sich um, ob alles in Ordnung ist. „Sie sollten in der Wohnung bleiben, abschließen und den Schlüssel innen stecken lassen. Falls es Probleme gibt, wählen Sie die 110."

Ich wartete auf Anna, versuchte erfolglos ein bisschen zu schlafen und döste vor mich hin, bis es klingelte. Anna stand vor der Tür. Es war zwei Uhr morgens. Im Bett hat sie mich lange fest umklammert, und ich spürte, wie sie am ganzen Körper zitterte.

Um 10 Uhr, wir waren gerade aufgestanden, klingelte das Telefon. Es meldete sich ein Herr Mann: „Ich habe Ihre Handtasche gefunden mit den Ausweisen und dem Schlüsselbund und sie beim Hausmeister im Parterre abgegeben." Er gab mir seine Adresse durch. Ich bedankte mich und sagte ihm, dass wir in einer Stunde vorbeikommen würden. Die Straße lag nicht weit entfernt. „Ich glaube, das sind die zwei Hochhäuser, die am Rand des Parks stehen". „Mensch, Jan, wir müssen noch in unseren Büros anrufen!" „Habe ich schon erledigt. Den Wecker hatte ich dafür auf 8 Uhr gestellt. Du hast es nicht mitbekommen."

Wir klingelten an dem Knopf neben dem Schild *Hausmeister*. Die Wohnungstür wurde von einer Frau geöffnet, die nach hinten rief: „Ewald, hier ist die Frau, die gestern überfallen wurde". Ewald kam angeschlurft und brachte uns die Tasche. Anna schaute rein und kramte alles heraus. Geldbeutel, Ausweise, Wohnungsschlüssel, außer dem Geld war alles da. Der Hausmeister sagte: „Sie sollten die Tasche und den Geldbeutel zur Polizei bringen wegen der Fingerabdrücke."

Wir bedankten uns bei dem Hausmeister-Ehepaar und fragten, wo im Haus Herr Mann wohnte. Zum vierten Stock nahmen wir den Aufzug. Der Aufzug und die Hausgänge waren vollgeschmiert mit hässlichen Graffiti. Der ganze Wohnblock machte einen verwahrlosten Eindruck. Es öffnete uns eine, kleine, dürre Gestalt mit schwarzer Hautfarbe und bat uns höflich, aber etwas verlegen in die karg eingerichtete Ein-Zimmerwohnung mit Kochnische. Schon an den Klingelschildern war uns aufgefallen, dass in dem Hochhaus Menschen aus mehreren Nationen wohnten.

„Wo haben Sie die Tasche gefunden?" „Als ich den Müll rausbringen wollte, lag sie neben den Mülltonnen. Dann habe ich sie zu dem Hausmeister gebracht, weil ich dachte, sie gehöre jemandem vom Haus." Anna sagte: „Das war sehr nett von Ihnen uns anzurufen. Wir würden Sie gerne in den nächsten Tagen zum Abendessen in ein Restaurant einladen und Ihnen dabei einen Finderlohn zukommen lassen. Schreiben Sie uns doch bitte Ihre Telefon-Nummer auf, damit wir uns mit Ihnen in Verbindung setzen können."

Nachdem wir die Tasche und den Geldbeutel zur nächsten Polizeistation gebracht hatten, gingen wir in ein Restaurant zum Mittagessen. „Erzähle mir bitte genau, was passiert ist." „Ich fuhr wie immer zuerst mit der U-Bahn und nahm den Bus und nicht die Tram, weil der zuerst kam. In dem Bus saßen nicht viel mehr als fünf oder sechs Personen. Als ich an der Endhaltestelle am Park ausstieg und zum Park lief, merkte ich schon, dass mir jemand folgte. Ich hatte kein gutes Gefühl. Anstatt umzukehren und zurück zum Bus zu laufen, beschleunigte ich meinen Schritt und lief in den Park hinein. Es waren zwei Typen. Einer riss mir rechts die Umhängetasche von der Schulter, der andere packte mich am Nacken und zog mir ein Messer über den Hals." „Was für ein Glück, dass Du einen dicken Schal um deinen Hals gewickelt hattest."

„Kann man sagen. Dadurch wurde mir nur eine Schnittwunde am Kinn zugefügt, und der Schnitt an der Hand kam von meiner Abwehrbewegung. Sie haben mich dann von hinten nach vorne auf den Boden geworfen und während des Überfalls kein Wort gesprochen. Als ich mich aufgerappelt hatte, konnte ich sie nur von hinten sehen, wie sie zum Ausgang des Parks zurückgerannt sind. Ich habe um Hilfe geschrien und bin zurück zum Bus gerannt. Erst hier habe ich das Blut bemerkt. Mein schöner, heller Kaschmirmantel, alles versaut. Der Busfahrer hat den Notarzt und die Polizei gerufen. Dort in unmittelbarer Nähe stehen ja keine Häuser."

„Und wie ging es weiter?" „Im Krankenhaus wurde ich genäht, und nachdem du da warst hat mich eine Funkstreife ins Präsidium gefahren, wo ich einer kettenrauchenden Kriminalbeamtin alles genau schildern musste."

„Was meinst du, Anna, werden sie die Täter finden?" „Ein paar Anhaltspunkte gibt es, es waren zwei junge Männer, soweit ich das von hinten erkennen konnte, und einer ist Linkshänder, weil er hinter mir stand und das Messer von rechts nach links über meinen Hals zog." Ich ergänzte: „Sie liefen zurück zum Parkausgang, dort wo der Bus stand. Der Fahrer müsste sie eigentlich gesehen haben. Von der Busstation ist es nicht weit zu den Hochhäusern, wo die Tasche gefunden wurde. Von daher bietet es sich an, in diesem Umfeld zu recherchieren."

Körperlich erholte sich Anna schnell. Die Fäden wurden gezogen und die Narben waren kaum erkennbar. Herrn Mann luden wir in ein Restaurant zum Mittagessen ein und gaben ihm 200 D-Mark Finderlohn.

Der Überfall zeigte Nachwirkungen. Noch wochenlang klammerte sich Anna vor dem Einschlafen stark an mich und konnte es nicht ertragen, wenn Menschen im Stadtgedränge zu dicht an sie herantraten auf der Rolltreppe oder den Bahnsteigen an der U-Bahn. So oft es ging, begleitete ich sie und holte sie die nächsten Wochen abends vom Institut Français ab. Wenn ich dienstlich unterwegs war, fuhr sie am Abend in meine Wohnung. Die Gegend war belebter.

Nach einigen Monaten teilte uns die Staatsanwaltschaft mit, dass das Verfahren ohne Ergebnis eingestellt worden sei. Später erfuhren wir, dass die Polizei bei den Nachbarn und dem Hausmeister Erkundigungen über Annas Lebenswandel eingezogen hatte. Ob sie viele Männerbesuche gehabt hat und dergleichen.

9

Der Vorschlag kam von mir. Ich sagte: „Anna, wir sollten überlegen, ob du nicht zu mir in die Wohnung ziehst. Wir sind öfter zusammen und sparen dabei Geld für Reisen und andere schöne Sachen. Abgesehen davon, dass meine Wohnung zentraler liegt, und die Wege in die Innenstadt und zur Arbeit kürzer sind."

Beim Umzug fluchten die Möbelpacker. Fünfter Stock, ohne Aufzug. Einer, der lange Hagere, dessen Tätowierungen sogar seinen Hals bedeckten, sagte: „Von mir aus hätten sie im Zweiten Weltkrieg alle Altbauten wegbomben können."

Meine Wohnung lag im Osten der Stadt, einem ehemaligen Arbeiterviertel. Die vergangenen zehn Jahre wurde das Viertel saniert und modernisiert. Heute würde man sagen: gentrifiziert. Noch gab es Nischen. Mein Mietshaus war noch keiner Renovierung zum Opfer gefallen. Die Zwei- bis Fünf-Zimmer-Wohnungen mit fast vier Meter hohen Wänden wurden mit Gasöfen oder Ölöfen beheizt. Die Mieter holten das Öl in Kannen aus den Tanks im Keller. In manchen Wohnungen standen noch Kachelöfen. Duschen und Bäder hatten sich die Mieter selbst eingebaut.

Seit zwölf Jahren wohnte ich dort. Eine ehemalige Studienkollegin hatte mir die Wohnung vermittelt. Sie war mit dem Eigentümer befreundet. Er bekam das Anwesen schon in jungen Jahren von seinen Eltern vererbt. Es bestand aus einem Vorder- und Hinterhaus mit jeweils fünf Stockwerken. Im Vorderhaus, in den großen Wohnungen mit den mittleren Eingängen, wohnten die Familien. Brave Leute. Der Kaminkehrer-Meister, dessen jüngster Sohn vor Kurzem bei einem Verkehrsunfall tödlich verunglückte. Bevor ich davon erfuhr, fiel mir immer das traurige Gesicht seiner Frau auf, wenn sie mir auf der Treppe begegnete. Die Familie des Poliers, der am Freitagabend immer besoffen nach Hause kam, aber nie aggressiv wurde. Im Hinterhaus wohnten die Freaks.

Im Innenhof haben wir im Sommer Feste gefeiert. Die Familien nahmen daran nicht teil, aber die Studenten und Studentinnen aus der WG. Immer dabei war auch der Jordanier aus dem dritten Stock, der alte Mercedes Benz- Pkw in den Nahen Osten verschob und jede Woche eine neue Frau in seine Wohnung schleppte. Dann die beiden Künstler, Georg und Moritz. Sie arbeiteten ursprünglich als Lehrer. Georg hatte sein Atelier bei mir gegenüber im fünften Stock und malte großflächige, abstrakte Landschaftsbilder. Moritz, der Bildhauer, wohnte im Hinterhaus und hatte sein Atelier im Innenhof, neben der kleinen Schreinerei. Nach der Arbeit habe ich ihn oft besucht, auf einen Espresso oder ein Glas Wein. Es entwickelte sich eine Freundschaft.

Kürzlich fragte mich ein Besucher beim Anblick der Skulpturen und Bilder in meiner Wohnung, woher meine Beziehung zur Kunst komme. Ich sagte ihm: „ In dem Mietshaus, in dem ich früher wohnte, arbeitete in einem Atelier ein Bildhauer. Die Freundschaft zu ihm war der entscheidende Katalysator."

Bernhard, der Hausbesitzer, wohnte ebenfalls im Hinterhaus, in der einzigen großen Wohnung. Die kleinen Wohnungen waren an zwei hübsche Mädchen aus England vermietet, die beim bayerischen Staatsballett engagiert waren. Der eigentliche Hingucker war aber Laura, eine raffiniert-intelligente, schwarzhaarige Marylin Monroe. Alle Männer standen auf sie. Gut bekannt war ich auch mit Fritz, dem Fotografen, und seiner Frau Karin aus dem vierten Stock. Katrin arbeitete als Hauswirtschaftslehrerin und lud öfter an einem großen runden Tisch wechselnde Mitbewohner zu einem Abendschmaus ein.

Nachdem wir die Einrichtung der neuen Wohnsituation angepasst hatten, arrangierte ich eine Einweihungsparty. Vom Haus sagten alle Eingeladenen zu. Die üblichen Gäste unserer Feste. Zusätzlich hatte ich noch zwei Arbeitskollegen, zwei Studienfreundinnen und einen Studienfreund eingeladen. Anna hatte auch zwei Kolleginnen und einen Kollegen aus ihrer Studienzeit eingeladen, die Arbeitskollegin vom Stehitaliener und ihren letzten Liebhaber, den Architekten. Außerdem ihre beste Freundin Katrin mit ihrem Mann Peter. Bevor wir die beiden das erste Mal trafen, sagte Anna: „Auf Katrin bin ich ein bisschen neidisch, weil ich sie viel attraktiver als mich finde. Sie erscheint mir auch so selbstsicher".

Die Party war voll im Gange. Ein lauwarmer Sommerabend, Fenster und Balkontüre geöffnet. Die Gäste bedienten sich am Buffet, tranken, rauchten und unterhielten sich. Du standst mitten drin, ein Glas Wein in der Hand, umringt von zwei, drei Männern, hast gelächelt und dich amüsiert. Besonders der Jordanier wich nicht mehr von deiner Seite. Ich glaube, alle wollten dich näher kennenlernen. Fritz, der Fotograf, schlich unauffällig herum und machte viele Nahaufnahmen von den Gästen, die sich aber nicht stören ließen.

Das Fotoalbum habe ich noch. Wenn ich es heute anschaue, finde ich nicht, dass Katrin hübscher ist als du. Es fällt mir auf, dass viele der Gäste ausdruckvolle, schöne Gesichter haben. Momentaufnahmen. Zu den meisten habe ich keinen Kontakt mehr.

Plötzlich rief jemand: „Hey, Jan, du und Anna, ihr seid doch die großen Tänzer. Wir hätten gerne eine Schoweinlage. Die Unterhaltung stockte, und alle schrien: „Schaueinlage, Schaueinlage ..." Unsere Gäste halfen mit, den Tisch und die Stühle zur Seite zu schaffen und bildeten einen Kreis. Ich hatte eine Tanzplatte erstanden, mit der wir manchmal zu Hause übten. Um beim Tanzen nicht zu viel Fläche zu benötigen, wählte ich Jive und Rumba aus. Du trugst ein Kostüm mit einem kurzen Rock. Besonders beim Jive kamen deine langen Beine zur Geltung. Die Gäste lachten und applaudierten. Die Stimmung war gelöst und der Tanzreigen eröffnet. Alle tanzten wild und solo darauf los. Bernhard strich an mir vorbei und raunte in mein Ohr: „Super Frau."

10

An einem der samstäglichen Tanzabende setzten wir uns an einen der kleinen runden Tische, und du sagtest: „Ich habe irgendwie ein komisches Gefühl in meinem linken Bein. Es fühlt sich pelzig an, und vorhin, beim Langsamen Walzer linksherum, konnte ich es nicht nachziehen. Wir sollten heute nicht mehr in die Bar gehen, sondern gleich nach Hause."

Am Sonntagmorgen beim Frühstück fühlte sich Dein Bein nicht mehr so pelzig an, aber immer noch komisch. Du sagtest: „Irgendetwas stimmt nicht. Ich gehe morgen zu meinem Hausarzt."

Der Hausarzt äußerte unter großen Vorbehalten einen Verdacht. Du hast mir dann erzählt, dass er mehrere Untersuchungen gemacht hat. Gehversuche, Bewegung der Augen, deine ganze Motorik, Blutabnahme, Anamnese der Vorerkrankungen. Letztlich überwies er dich zu einem Neurologen, der einen Termin an der Uniklinik in Großhadern arrangierte. Dort haben sie dir mit einer Lumbalpunktion Nervenwasser entnommen, um es im Labor zu analysieren.

Ich habe im Vorraum auf dich gewartet. Damals ahnte ich noch nicht, dass wir noch oft zur Behandlung in dieser Uniklinik sein würden. Du kamst ganz entspannt von der Untersuchung, hast mich angelächelt und gesagt: „Los, wir fahren."

Wir fuhren zurück in die Wohnung, ohne ein Wort zu wechseln. Zu Hause angekommen, fragte ich dich: „Anna, wie ist dein Gefühl, was meinst du?" Du sagtest: „Ich habe gar kein Gefühl. Sondern eine ziemliche Distanz zu dem ganzen Theater. Wir werden sehen."

Die Ergebnisse waren eindeutig. Multiple Sklerose.

Du hast Wert darauf gelegt, dass ich bei dem Therapiegespräch mit dem Neurologen dabei sein durfte. Der Mann war in der

Stadt bekannt als Koryphäe. Professor, zwei Doktortitel. Zu der Praxis, die in einer Durchfahrt lag, führte eine breite, steile Steintreppe. Der Professor, ein kleiner, schlanker, distanziert wirkender Mann, saß hinter einem langgezogenen, modernen Schreibtisch in einem weißen, ledernen Bürostuhl.

„Machen Sie sich keine unnötigen Sorgen. Bei der Multiplen Sklerose handelt es sich um eine chronisch-entzündliche Krankheit, die das zentrale Nervensystem betrifft. Das Immunsystem greift die Hüllschicht der Nervenfasern an. Es handelt sich um eine Autoimmunkrankheit mit sehr individuellen Ausprägungen. Je nachdem welche Nervenfasern angegriffen werden. Eine Prognose oder Heilung ist nicht möglich, aber eine Therapie, die die Krankheit verzögert oder abmildert. Es heißt nicht notwendigerweise, dass Sie bald im Rollstuhl sitzen. Es können auch über Jahre kaum Symptome auftreten."

Anna fragte den Professor, was sie jetzt tun solle und wie konkret die Therapie aussehe. „Leben Sie Ihr Leben weiter wie bisher. Sie haben einen Mann, der Sie unterstützt. Ich muss mir die Ergebnisse genau anschauen. Wahrscheinlich behandele ich Sie mit Imurek. Dadurch wird das Immunsystem heruntergefahren und agiert weniger aggressiv. Die Einnahme erfolgt oral. Die Krankheit verläuft in der Regel am Anfang schubförmig. Nach einiger Zeit kann es in einen langsam fortschreitenden Prozess übergehen. Bei einem akuten Schub erhalten Sie hochdosiert Kortison-Präparate als Infusion. Das bringt die Symptome rasch zum Abklingen. Lassen Sie sich an der Rezeption ein Heftchen mit entsprechenden Erläuterungen geben. Dort finden Sie auch Empfehlungen zu einer gesunden Ernährungs- und Lebensweise."

Wenn ich zurückblicke, haben wir deine Krankheit am Anfang und die folgenden Jahre ignoriert. Wenig darüber gesprochen. Sie machte sich am Anfang nicht bemerkbar. Nur beim Tanzen konntest du beim Langsamen Walzer und beim Wiener Walzer bei der Linksdrehung das linke Bein nicht so gut nachziehen.

Die ersten Schübe traten auf. Durch Kortison-Infusionen wurden die Entzündungsreaktionen eingedämmt und die Symptome abgemildert. Ich kann mich nicht mehr genau daran erinnern, aber dein Neurologe hatte vorgeschlagen von Imurek zu einer Therapie mit Interferon zu wechseln. Dazu brauchte es aber eine zweite Meinung, damit die Krankenkasse die Kosten übernehmen würde. Du hast mir erzählt, dass dir in der Uniklinik in Großhadern eine junge, arrogante Ärztin gegenübersaß, die eine Behandlung mit Interferon bei dir ablehnte, weil du einen sehr stabilen und dynamischen Eindruck auf sie gemacht hast. Dein Charme und deine Zuwendung zu Menschen haben nichts geholfen. Du warst immer so höflich. Ich weiß nicht mehr, warum ich nicht dabei war. Vielleicht wäre es bei meiner Anwesenheit anders gelaufen. Durch dominantes Auftreten kann etwas erreicht werden. Du konntest damals noch alles alleine erledigen. Ich war vielleicht auf Geschäftsreise. Dein Neurologe wollte nachhaken. Hat er aber nie gemacht. Mit Interferon wurdest du nie behandelt. Auch in den Unterlagen habe ich nichts gefunden. Obwohl man heute noch mehr als damals weiß, dass es gerade im Anfangsstadium sehr wirksam ist.

Es wurde für dich immer beschwerlicher, mit öffentlichen Verkehrsmitteln zu fahren, über lange Strecken zu laufen und mit dem linken Fuß die Kupplung zu drücken. „Jan, wir sollten ein Auto mit Automatik kaufen. Das würde mir das Leben sehr erleichtern. Ich kann dann direkt vor meinem Büro parken. Auch die physiotherapeutische Praxis hat einen Parkplatz direkt vor dem Haus."

Anna bekam ihren ersten Reha-Aufenthalt in einer Klinik am Starnberger See. Jedes Wochenende und einmal in der Woche am Abend habe ich sie besucht. Am Sonntag, bei strahlendem Wetter, saßen wir auf der Terrasse eines Hotels mit angeschlossenem Café. „Wie sieht dein Alltag in der Klinik aus?" „Ich liege mit Frida, einer älteren Frau, auf einem Zimmer. Sie schaut sich die ganzen Kitsch-Sendungen im Fernsehen an, und ich komme nicht zur Ruhe. Das nächste Mal bestehe ich auf einem Einzelzimmer. Egal, wie viel ich zuzahlen muss. Außerdem habe ich mich mit einer jungen Journalistin aus Hamburg angefreundet. Ihr Mann ist Manager bei Airbus und hat sich sofort von ihr getrennt, mit der Begründung, er brauche eine Frau zum Repräsentieren, die gut aussieht und gesund ist."

„Wie ist das therapeutische Angebot?" „Zunächst gab es ein Gespräch mit dem Oberarzt über den bisherigen Verlauf und die Therapie. Sie versuchen, die Einnahme der Tabletten genau zu justieren. Dann die üblichen Untersuchungen, Motorik und dergleichen. Wir machen gymnastische Übungen, schwimmen, werden massiert. Es gibt auch Vorträge und Gesprächskreise. Die Gesprächskreise sind nicht mein Ding. Alle reden nur von ihrer Krankheit. Selbst am Abend, wenn wir uns informell treffen. Ich bin froh, bald wieder bei dir zu sein."

Auf der Heimfahrt musste ich abrupt abbremsen um gerade noch die Kurve in einen Autobahnparkplatz zu bekommen. Durch Tränen verschwimmt die Umgebung. In diesem Moment war ich in der Realität angekommen. Und es war erst der Anfang.

Bei einer Konferenz in Köln kam ich am Abend an der Hotelbar mit einem Herrn, der neben mir saß, ins Gespräch. Er erzählte mir, dass seine Schwester auch an MS erkrankt sei. Seit einem Jahr sei sie bei einem Arzt in Behandlung, der sie mit einer speziellen Diät und zusätzlicher Einnahme von Nahrungsergänzungsmittel therapiere. Er habe sich auf MS-Patienten spezialisiert. Sie habe gute Erfahrungen gemacht.

Von diesem Gespräch erzählte ich Anna. Wir ließen uns eine Informationsbroschüre schicken und vereinbarten einen Termin.

Die Praxis des Arztes lag in einem kleinen Ort außerhalb von Worms. Eine halbe Stunde fuhren wir über die Weindörfer, bis wir vor der Praxis landeten, einem etwas größeren Einfamilienhaus mit überdachtem Eingang. Der Erstbesuch dauerte vier Stunden. Der Arzt nahm sich Zeit, hörte zu, befragte Anna nach dem bisherigen Verlauf, ihrer Behandlung und untersuchte ihre Mobilität. Sehr beiläufig und routiniert. Die Therapie und den Diätplan erläuterte er ausführlich, unterbrochen von langatmigen Klagen über die Kritik der Schulmedizin an seiner Methode und der Nichtanerkennung durch die gesetzlichen Krankenkassen. Als Alleinkämpfer sei es ihm nicht möglich, wissenschaftlich fundierte Studien zu liefern, aber Hunderte von empirisch belegbaren, positiv verlaufenen Fällen sprächen für sich.

Spät am Abend kamen wir zum Hotel zurück, und ich sagte zu Anna: „Beim Wegfahren habe ich ein italienisches Restaurant in der Nähe des Hotels entdeckt. Lass uns dorthin zum Essen gehen, um alles in Ruhe zu besprechen." Damals konnte Anna noch laufen, und wir unternahmen einen kleinen Spaziergang, der uns an einem kleinen Park entlangführte.

Ich erinnere mich, dass wir Jahre später, nach weiteren Terminen bei dem Arzt, auf dem Weg zu demselben Restaurant im Rollstuhl unterwegs waren. Für das Abendessen waren wir noch zu früh dran und legten deshalb auf einer Parkbank neben einem älteren türkischen Ehepaar eine kurze Pause ein. Ich hatte dich umgesetzt und den Rollstuhl neben der Bank geparkt. Die Frau mit dem Kopftuch schaute dich fragend an und sagte: „Krank oder kaputt?" Ich dachte: *Unglaublich, wie man mit wenigen Worten Sachen auf den Punkt bringen kann.*

Wir hatten in dem Restaurant Platz genommen und die Bestellung aufgegeben. „Ich sagte: „Anna, ist der Arzt eigentlich ein Neurologe?" „Ich glaube nicht, er ist Internist, soweit ich das mitbekommen habe. Aber ich schaue noch einmal in die Informationsmappe." Anna kramte die Mappe aus ihrer Handtasche. „Ja, Internist. Nach seiner These fördert Linolsäure die Entzündungen im Körper, und er rät deshalb, Lebensmittel zu essen, die wenig Linolsäure enthalten. Wie genau der Stoffwechselprozess abläuft, habe ich nicht verstanden. Müssen wir noch einmal nachlesen. Schweinefleisch esse ich jedenfalls sowieso nie, aber keinen fettreichen Käse mehr zu essen würde mir schwerfallen. Wir probieren es einfach aus." „Ja, auf jeden Fall. Die Kosten für die Nahrungsergänzungsmittel sollten wir uns genauer anschauen."

Im Treppenhaus beggenete ich Karin, der Frau des Fotografen. Sie fragte: „Wie geht es Anna? Sie tut sich immer schwerer, die

Treppen hochzusteigen, habe ich beobachtet." „Ich weiß, wir überlegen ernsthaft, eine neue Wohnung mit Aufzug zu finden." „Richte ihr schöne Grüße aus."

Bei unserem Sonntagsfrühstück habe ich es angesprochen. „Anna, ich denke, wir sollten uns mit Nachdruck um eine neue Wohnung kümmern. Ich will nicht, dass du dich jeden Tag die fünf Stockwerke hochquälst."

„Geht auch nicht mehr lange. Meine Hoffnung war die neue Beinschiene. Sie hilft aber nur ebenerdig, selbst mit Hilfe des eleganten Gehstocks mit Silbergriff. Der ist übrigens ein Eyecatcher für Passanten, nicht nur für die Männer. Mit den Treppen tue ich mir wirklich schwer."

Wir hatten keine Lust mehr, noch eine dieser überteuerten Wohnungen zu besichtigen. Die letzte Besichtigung fand in einem frei stehenden, von außen kuscheligen kleinen Hexenhäuschen statt, mit einem großen Außengelände, auf dem Obstbäume gepflanzt waren. Aber innen: Minizimmer mit kleinen Fenstern und schimmeligen Wänden. Die Wohnungen zuvor entsprachen auch in keiner Weise unseren Vorstellungen. Zu teuer, zu weit entfernt von unseren Arbeitsplätzen, keine U-Bahn Anbindung, zu klein. Dann fiel mir ein, dass mein Unternehmen eine Partnerschaft mit einer großen bayerischen Versicherung pflegte, die auch Immobilien zur Vermietung bereithält. Über die Wirtschaftsabteilung ließ ich mir den Kontakt zu dem zuständigen Abteilungsleiter herstellen. Dessen Sekretärin rief mich an und stellte mir fünf Wohnungen zur Besichtigung in Aussicht.

Anna sagte: „Ich habe ein gutes Gefühl. Es stimmt irgendwie alles. Nicht ganz billig, aber noch in unserem Rahmen." Ich stimmte ihr zu. „Vier Zimmer, Balkon, zwei Bäder, Aufzug, U-Bahn in der Nähe und nahe Lage zu unseren Arbeitsplätzen. Jetzt brauchen wir noch jemand mit der Wünschelrute, der unterirdische Wasserläufe und die Energiestrahlen überprüft." Anna lachte, sie verstand meine Art von Ironie.

Von Anfang an waren wir mit der Wohnung glücklich. Anna bekam das größere Bad mit der Wanne, in dem auch die Waschmaschine und der Trockner untergebracht waren. Der zentrale Raum war das Esszimmer mit einer Durchreiche zur Küche. Das Esszimmer richteten wir sehr minimalistisch ein. Ein eigens angefertigter großer Esstisch aus Kirschbaum und ein naturbelassener, heller Bauernschrank für das Geschirr. Ansonsten nur Bilder und zwei Skulpturen. Nach sechs Wochen fragten wir uns, wie man mit nur einem Bad wohnen kann.

Von der neuen Wohnung aus fuhr Anna mit dem neu gekauften Automatikauto in ihr Büro, und ich nahm die nahegelegene U-Bahn. Ich setzte mir in der Küche einen Espresso auf, als Anna hereinschaute und sich verabschiedete: „Ich fahre dann mal los."

Die Espressomaschine fing an zu blubbern, als es an der Wohnungstür Sturm klingelte. Ich öffnete die Tür, Anna stand vor mir mit ihrem Gehstock, völlig aufgelöst, schob sich an mir vorbei, knallte den Gehstock in den Flur und verschwand im Bad. Nach einer Weile klopfte ich an die Tür und fragte, ob ich ihr helfen könne. „Ja, bitte komm herein." Sie stand halbnackt vor mir, die Hose und die Unterhose lagen am Boden. „Ich war schon in der Tiefgarage und konnte es nicht mehr halten, kam auch nicht schnell genug zum Aufzug. Nimm bitte die Klamotten und wasche sie im anderen Badezimmer aus. Ich bin total verzweifelt, wenn das noch länger anhält mit dem Durchfall, kann ich nicht mehr zur Arbeit gehen. Ich melde mich krank. Kannst du für mich anrufen?"

11

In der neuen Wohnung haben sich auch neue Verhaltensweisen und Rituale entwickelt. Die Hausarbeit hatten wir uns von Anfang an geteilt, auch abwechselnd und gemeinsam gekocht. So nach und nach habe ich immer mehr übernommen und einen festen Arbeitsplan entwickelt. Am Samstagnachmittag staubsaugte ich die Wohnung und legte um 15 Uhr zur Kaffeezeit eine Pause ein. Diese Kaffeepause entwickelte sich zu einem Ritual, zu einer regelmäßigen Besprechungskonferenz. Wir reflektierten die Vorkommnisse der letzten Woche und planten die kommende. Wir besprachen alles was anlag, vom Speiseplan bis hin zu Arztbesuchen. Noch konnten wir nicht ahnen, welche wichtige Funktion diese Einrichtung bekommen würde.

An einem dieser Samstagnachmittage, kurz nach unserem Umzug, stellte ich einen Strauß Tulpen auf den Tisch und sagte gleich zu Beginn: „Anna, ich habe heute ein Attentat auf dich vor." „Spannend, ich höre." „Ich möchte dich heiraten. Ich weiß, wir hatten das nie vor. Aber es kann alles Mögliche passieren, und du bist dann in jedem Fall besser abgesichert, und ich muss nicht immer darum betteln, bei den Arztgesprächen dabei sein zu dürfen." Anna sagte: „Mein Herr, ich nehme Ihr Angebot gerne an." „Den Champagner habe ich schon kaltgestellt, aber ich bin im Putzmodus. Heute Abend koche ich ein Festessen. Dann ist der richtige Augenblick, um anzustoßen und zu feiern."

Die Hochzeit feierten wir in einem sehr angenehmen, kulinarischen Ambiente. Eine kleine Osteria, bekannt für ihr überschaubares Angebot an Speisen auf hohem Niveau und an auserlesenen Weinen. Eine kleine ausgesuchte Gesellschaft von 16 Personen. Unsere besten Freundinnen und Freunde, die zwei Brüder von Anna mit ihren Familien. Wie in einem traditionellen Familienclan hielt dein älterer Bruder eine Rede, in der er dich liebevoll Mädi nannte. Du warst das Nesthäkchen. Ein Unfall. Deine Mutter war bei deiner Geburt 41 Jahre alt und deine Brüder sind 12 und 14 Jahre älter als du. In deiner Familie nannten sie dich „die Mädi".

Ein schönes Hochzeitsbild. Es steht im Regal zwischen meinen Büchern. Du, in einem eleganten hellgrauen Anzug mit dem Gehstock und einem ebenso hellgrauen, kleinen Hut mit einem umlaufenden Band, das an der rechten Seite zu einer angedeuteten Rose verflochten wurde, wie aus den 1920er-Jahren. Daneben stehe ich in einem dunkelblauen Anzug mit auffallender, bordeauxfarbener Krawatte mit kleinen, eisblauen Tupfen und hellblauem Einstecktuch. Flankiert werden wir von den beiden Trauzeugen, Moritz, dem Bildhauer aus meinem Mietshaus, und Hermann, der bei mir sein Praxissemester absolvierte. An meiner ersten Stelle als Leiter einer Volkshochschule. Alle lachen freundlich in die Kamera, nur Hermann schaut todernst.

Es ist das letzte Bild, wo man dich im Stehen mit dem Gehstock sieht. Die Stürze nahmen zu, und es war reines Glück, dass du dir dabei keine Knochenbrüche zugezogen hast. Die Verabschiedung aus deinem Berufsleben hast du schon im Rollstuhl begangen. Ich hatte dich begleitet und die erste Treppe zu dem großen Konferenzsaal hochgezogen. Es war anstrengend für mich, weil ich ungeübt war und höllisch aufpassen musste. Alle waren versammelt und lauschten der Abschiedsrede des Geschäftsführers. Er zählte deine Aufgabengebiete auf, erwähnte deine Kompetenz und dein Engagement. Sehr leidenschaftslos und routiniert. Warum erwähnte er nicht deine Kommunikationsfähigkeit, deine Zuwendung zu den Menschen, deine freundliche offene Art? Der Chef war erst seit einigen Monaten im Amt. Er kannte dich nur mit deiner Behinderung. Du hattest mir von deinem Eindruck erzählt, dass er dich eher als Belastung empfand. So im Sinne von nicht voll belastbar. Dein alter Chef hat dich geliebt. Er wäre gerne zu deiner Verabschiedung gekommen, aber er lag nach einem Herzinfarkt im Krankenhaus. Dafür haben sich deine engsten Mitarbeiterinnen sehr herzlich von dir verabschiedet. Als sie sich zu dir niederbeugten, dich umarmten, habe ich ihnen angesehen, dass sie dich mochten. Als sie sich wieder aufrichteten, konnte ich bei einigen die feuchten Augen sehen.

Die Beantragung zur Erwerbsunfähigkeit ging ohne Beanstandung über die Bühne. Du hattest jetzt einen Schwerbehindertenausweis mit Grad 100. Die erste Zeit haben wir noch viel unternommen mit dem Rollstuhl, hinten in einer Halterung die Krücke. Damit konntest du ein paar Meter laufen und die üblichen Toiletten benutzen. Ich musste dich nur bis vor die Kabine schieben und mich bei den anderen Frauen entschuldigen. Aber die haben die Situation gleich verstanden. In der Wohnung war alles ebenerdig und die Türen, auch zu den Bädern, breit genug. Zur Küche haben wir die Tür ausgehängt. Wir fuhren noch oft in Urlaub, innerhalb von Deutschland, zur Documenta nach Kassel oder an den Gardasee, in die Toskana und in das schöne Ferienhaus auf Elba, direkt am Meer. An den Eisentreppen in der Fähre konntest du dich mit meiner Hilfe gerade noch hochangeln. Tanzen konnten wir nicht mehr und haben das nie mehr angesprochen.

Die Tendenz zu den vielen Koffern beim Verreisen haben wir beibehalten. Es war unglaublich, was in unseren kleinen Fiat alles reinging, zusätzlich zu dem zusammenklappbaren Rollstuhl. Wenn wir packten, musste ich deine beiden großen Koffer, den kleinen Kosmetikkoffer und die Kosmetiktasche im Esszimmer auf den Boden stellen. Du bist dann mit dem Rollstuhl zwischen den Koffern, deinem Kleiderschrank und dem Bad hin- und hergefahren und hast eingepackt. Es dauerte, glaube ich, einen halben Tag. Beim Verschließen der Koffer musste ich dir helfen. Meine Koffer kamen noch hinzu, und am Abfahrtstag bin ich mehrmals mit dem Aufzug in die Tiefgarage gefahren um alles einzuladen. Lose Jacken, Sonnenhüte und die Proviantasche kamen noch dazu. Wenn der Rollstuhl nicht gleich hineinpasste, habe ich noch einmal alles umgeschichtet. Noch einmal einige Gepäckstücke ausgeladen haben wir aber nie. Wir saßen im Auto und du sagtest: „Hast du den Behinderten-Parkausweis im Auto? Dann können wir losfahren."

Anna bekam den zweiten Reha-Aufenthalt genehmigt. Die Klinik lag im Norden von Bayern. Ich hatte drei Stunden Fahrzeit eingeplant. Eine lange Anreise, und ich übernachtete bei Anna im Zimmer. Die Klinik bot das an, und Anna hatte diesmal ein komfortables Einzelzimmer gebucht. Am Abend kehrten wir bei einem Italiener in der Nähe ein. Ich fragte Anna: „Was ist der Unterschied zu der Klinik am Starnberger See?" „Der größte Unterschied ist, dass hier nicht nur MS-Patienten untergebracht sind, sondern auch Opfer von Unfällen. Ich habe einen Verehrer, der durch einen Autounfall eine Kopfverletzung erlitt, und sie haben einen Teil seiner Schädeldecke durch eine Metallplatte ersetzt. Er hat mir erzählt, dass es sich beim Duschen anhört wie ein Platzregen auf einem Blechdach. Er packt einfach meinen Rollstuhl und schiebt mich in die Cafeteria. Er ist sehr charmant." „Muss ich mir Sorgen machen?" „Ach, Tiger."

„Was machen sie in der Therapie?" „Sie legen sehr viel Wert auf die genaue Einstellung der Medikamente. Sie haben auch das Medikament für die Behandlung der Spastik umgestellt und werden meinem Neurologen empfehlen, es unbedingt beizubehalten. Die Anspannung der Beinmuskeln verursacht mir immer mehr Schmerzen. Ein Dauerzustand, kaum zu ertragen. Entlastung gelingt auch durch die Unterwassermassage. Hält aber nicht lange an. Ansonsten ist alles ähnlich wie in der Klinik am Starnberger See. Das Essen ist hier allerdings besser."

Nach vier Wochen habe ich Anna abgeholt. Ursprünglich waren nur drei Wochen vorgesehen, aber der Aufenthalt wurde um eine Woche verlängert. Bevor ich mit Anna zurückfuhr, habe ich wieder bei ihr übernachtet und wir hatten vor, an dem letzten Abend ganz exquisit essen zu gehen. Die Klinik lag mitten in der Provinz, doch im Ort residierte ein Ein-Sterne-Restaurant. Unseren Tisch hatte ich zwei Wochen vorher reserviert. Am Tag vor meiner Anreise rief mich Anna an und informierte mich, dass der homosexuelle Chefkoch des Restaurants von seinem Lebenspartner ermordet worden war.

In der Klinik und dem ganzen Ort war es das vorherrschende Thema, und wir mussten wieder mit unserem durchschnittlichen Italiener vorlieb nehmen.

Auf der Rückreise erzählt mir Anna, dass sie in der Klinik einen Leidensgenossen kennengelernt hatte, der seit einem Jahr mit Immunglobulinen behandelt wurde. Sie hat sich kundig gemacht. Bei MS-Patienten hat das Immunsystem krankmachende Antikörper. Von gesunden Blutspendern werden Antikörper gewonnen und über eine Tropfeninfusion den MS-Kranken zugeführt, um unangenehme Immunreaktionen zu mildern. „Strebst du diese Therapie an?" „Ich muss mir das noch überlegen. Bevor ich mit meinem Neurologen darüber rede, werde ich eine zweite Meinung einholen, um gute Argumente zu haben."

An der Uniklinik in Großhadern praktizierte ein Spezialist für MS-Erkrankungen. Bei ihm konnte sich Anna beraten lassen. Sie wollte wissen, ob er eine Behandlung mit Immunglobulinen für sinnvoll hielt. Der Professor verlangte 250 Euro für eine Beratung. Wir saßen in einem kleinen Vorzimmer seines Büros. Vor uns, hinter einem einfachen Schreibtisch, seine hübsche, zurückhaltende Assistenzärztin. Hinter ihr war die ganze Wand bedeckt mit Auszeichnungen und Zertifikaten für den Professor. Von zahllosen Universitäten und Instituten aus der ganzen Welt, von den USA bis Japan. Ich dachte mir: *Der Mann muss schon etwas älter sein.*

Die Arztberichte und die Berichte der Reha-Kliniken hatten wir mitgebracht. Trotzdem machte die junge Ärztin eine umfassende Anamnese. Vor allem über den bisherigen Krankheitsverlauf, die Therapien und die eingenommenen Medikamente. Als sie sich alles eifrig notiert hatte, sagte sie: „Entschuldigen Sie mich für einen Moment", stand auf und verschwand durch die Tür in das Büro des Professors. Einen Spaltbreit sah ich einen bärtigen Mann an einem riesigen Schreibtisch. Nach einer Weile kam die Ärztin zurück und sagte: „Der Professor kann das ad hoc nicht beurteilen. Sie müssten zur Untersuchung für eine Woche in seine Abteilung kommen." Ich wies die Ärztin drauf hin, dass meine Frau nicht privat versichert sei, sondern gesetzlich, und wir nur diese Beratung aus eigener Tasche bezahlt hätten. Sie verschwand wieder im Büro des Professors und kam schneller zurück als beim ersten Mal. „Der Professor meint, am besten Sie lassen sich von ihrem Neurologen bei uns einweisen."

Im Auto sagte Anna: „Das kannst du vergessen, solche Untersuchungen habe ich schon mehrfach hinter mir. Die Ergebnisse liegen vor. Das war ein Schuss in den Ofen. Der Herr Professor mit seinen tausend Auszeichnungen. Ich muss das selbst entscheiden. Es ist halt eine langwierige Prozedur über Jahre, und die Infusionen dauern bis zu einer Stunde."

Die Therapie mit den Immunglobulinen lief schon ein ganzes Jahr. Einmal im Monat eine Infusion in einem eigens dafür ausgestattetem Raum in der Praxis deines Neurologen. Ich habe mir immer frei genommen, um dich hinzubringen und zu begleiten. Bei unserem letzten Termin kam es uns schon komisch vor, dass in der Praxis keine Patienten anwesend waren. Die Arzthelferin, die uns schon Jahre kannte, schaute uns abweisend an und sagte: „Es tut mir leid, aber wir führen keine Infusionen für Immunglobuline mehr durch. Ich gebe Ihnen eine Adresse von einer Klinik." „Aber wir haben doch einen Termin. Wir fahren doch jetzt nicht durch die halbe Stadt zu einer Klinik, wo uns keiner kennt und wir stundenlang warten müssen." „Tut mir leid." Auf einmal hörte ich von der linken Seite Gesprächsfetzen: „Any time you like. Yes, no problem at all." Ich schaute in die Richtung und sah den Türspalt zu dem Zimmer des Neurologen. Zwei, drei Schritte und ich stand in seinem Zimmer. Er legte den Hörer zur Seite: „Bitte verlassen Sie den Raum." „Das werde ich nicht tun. Meine Frau bekommt heute die Infusion. Wir haben einen zugesagten Termin, und ich habe extra einen halben Tag frei genommen, um sie hierherzufahren. Ich nehme mir einen Rechtsanwalt und verklage Sie wegen unterlassener Hilfeleistung." Der Professor wirkte klein und schmächtig.

Die Arzthelferin legte schmallippig die Infusion an, und ich wartete im Wartezimmer. Üblicherweise setzte ich mich für die Zeit der Infusion in ein Café. Dieses Mal wollte ich Anna nicht alleine lassen.

„Lege dich auf die Couch, Anna und ruhe dich aus. Ich nehme mir heute den ganzen Tag frei und bleibe bei dir. Irgend so was habe ich schon kommen sehen. Als er die Sprechstunden für die gesetzlich Versicherten auf drei Vormittage beschränkte. Es liefen auch immer mehr verschleierte Frauen und junge arabische Männer durch die Praxis. Nach meiner Ansicht hat der über das Internet Werbung in diesen Ländern geschaltet. Die bezahlen ja cash." Anna sagte: „Ich suche mir einen anderen Neurologen. Ich habe gehört, der Oberarzt von der Reha-Klinik am Starnberger See hat sich selbstständig gemacht. Aber ich lege mich jetzt schlafen."

12

Der Pflegedienst kam immer morgens um die Zeit, als ich zur Arbeit ging. Manchmal haben sich unsere Wege überschnitten, aber meistens war ich schon auf dem Weg zur U-Bahn.

Die Pflegstufe eins zu beantragen war nicht einfach. Erst vor Kurzem hatten wir uns einen PC angeschafft mit dessen Hilfe wir die notwendigen Formulare ausdruckten. Wir wühlten uns durch die Fragen und Anmerkungen. Totales Neuland. Auf die Minute genau musste beschrieben werden, wie viel Zeit es in Anspruch nimmt, dir beim Waschen und beim Anziehen zu helfen. Welche Aufgaben ich sonst für uns beide im Haushalt und beim Einkaufen erledige. Ich weiß es im Detail gar nicht mehr genau. Wir hatten uns gut auf den Besuch des medizinischen Dienstes vorbereitet, machten einen seriösen Eindruck, und die Pflegestufe eins wurde genehmigt.

Mit dem neuen PC hattest du auch mehr Möglichkeiten, dich über deine Krankheit kundig zu machen. Ich hatte auch zwei Mobiltelefone für uns besorgt, damit wir von jedem Ort aus miteinander kommunizieren konnten. Es passierte öfter, dass dir das Umsetzen vom Rollstuhl auf die Couch nicht glückte. Du bist auf den Boden gefallen und nicht mehr hochgekommen. In fünfzehn Minuten war ich bei dir. Wenn ich das Auto nicht dabei hatte, nahm ich einen der Dienstwagen oder ein Taxi. Später haben wir ein Notruf-Telefon der Johanniter eingerichtet, weil ich bei Dienstreisen außerhalb übernachten musste. Das waren beunruhigende Zeiten für mich, und ich überlegte, wie ich es anstellen konnte, mehr für dich da zu sein.

Es schwebte mir ein vorzeitiger Ruhestand vor. In zwei Jahren, mit 60, spätestens 61 Jahren, in Rente zu gehen. Zu der Zeit hatten wir einen neuen Personalchef. Betriebswirt, jung, mit einem forschen Auftreten. Seit seiner Einstellung wendete sich unser Geschäftsführer von seinen alten Weggefährten ab und dem neuen Mann zu. Ich glaube, sie hatten eine Art Gentleman-Agreement. *Du schaust über meine Leichen im Keller hinweg, und ich mache dich zu meinem Nachfolger.* Der Geschäftsführer hatte noch drei Jahre bis zum Ruhestand.

Bei dem Gespräch saßen wir zu dritt im großen Sitzungszimmer. Auf Abstand. Die Tische waren im Quadrat angeordnet, mit einer freien Fläche dazwischen. Der Personalchef und der Geschäftsführer saßen nebeneinander an der Tischreihe zum Fenster. Ich saß an der gegenüberliegenden Tischreihe, hinter mir die Verbindungstüre zum Flur. Die beiden Herren erklärten mir, dass eine Vorruhestandsregelung für mich ein Präzedenzfall in der Firma wäre, und der sei nicht erwünscht. Der Geschäftsführer sagte: „Wenn Sie sich um Ihre Frau kümmern wollen, warum kündigen Sie dann nicht?" „Vielen Dank. Auf die Idee bin ich noch gar nicht gekommen." Ich stand auf und habe das Sitzungszimmer verlassen. Seit fast 30 Jahren arbeitete ich in der Firma. Noch vor ein paar Jahren saß der Geschäftsführer bei der Weihnachtsfeier in angetrunkenem Zustand neben mir und sagte: „Ich bin froh, dass wir Sie bei uns haben." Bei Feiern war er immer angetrunken.

Seit diesem Gespräch verfestigte sich mein Eindruck, dass sie mich loshaben wollten. Sie übten Kritik, die nicht zu halten war. Sie suchten Gründe, fanden aber keine. Ich war in der Firma mit dem Vorstand gut vernetzt und hatte eine gute Reputation. Ich suchte mit wohlgesonnenen Vorständen das Gespräch. Seitdem ließen sie mich in Ruhe, stellten mich aber aufs Abstellgleis. Protokolle bekam ich nicht mehr, zu Sitzungen wurde ich nicht mehr eingeladen.

Das erinnerte mich an einen Fall aus Japan, über den ich einmal gelesen hatte. Aus Höflichkeit, und um das Gesicht zu wahren, teilten sie dem Mitarbeiter nicht mit, dass er entlassen war. Stattdessen schalteten sie ihn ab. Zuerst hatte er kein Telefon mehr, dann keinen Schreibtisch, keinen Bürostuhl und am Schluss betrat er nur noch sein kahles Zimmer.

So dramatisch gestaltete sich meine Situation nicht. Die Protokolle bekam ich durch meine befreundeten Kollegen, sodass ich auf dem Laufenden war. Meine Basisarbeit konnte ich erledigen, aber es hat mich mehr belastet, als ich mir eingestehen wollte. Lange habe ich gezögert, es Anna zu erzählen. Ich wollte sie nicht verunsichern. Aber bei einer unserer Besprechungen beim Samstagnachmittagskaffee habe ich es erwähnt. „Anna, ich glaube, die wollen mich loshaben." „Warum denn, die wissen doch, wie stark du dich engagierst hast über die ganzen Jahre." Ich konnte an deinem entgeisterten Gesicht sehen, wie betroffen du warst. „Ich weiß es nicht, es muss mit dem neuen Personalchef zusammenhängen. Vielleicht sollte ich vorsichtshalber einen Arbeitsrechtler konsultieren. Für alle Fälle. Ich rede einmal mit Helmut. Unter ihm arbeitete ich in der Volkshochschule während meines Praxissemesters. Er ist sehr gewerkschaftlich orientiert und kennt Gott und die Welt."

Die Rechtsanwältin wunderte sich, dass wir im Rollstuhl vor ihrer Tür standen. Vierter Stock, Altbau, ohne Aufzug. Das Fitnesstraining machte sich bemerkbar. Wenn die Treppenstufen breit genug waren, um zwischendurch stehen zu bleiben und eine Pause einzulegen, konnte ich Anna mit ein bisschen Mühe und voller Konzentration mehrere Stockwerke hochziehen.

Die Rechtanwältin erläuterte uns, dass dieser Fall in ein bekanntes Schema passe. „Die von Ihnen geschilderte Situation ist mir nicht neu. Junge, dynamische Betriebswirte kommen von der Uni in die Betriebe und wollen alles nach ihren Kriterien ändern und mit ihren Leuten besetzen. Ältere Mitarbeiter mit ihren gewachsenen Besitzständen sehen sie als Hindernis in ihrem Karrieredrang." „Aber wir sind ja kein internationaler Konzern oder ein großes Unternehmen wie BMW oder Siemens. Wirtschaftlich sind wir zwar ein mittelständisches Unternehmen, aber organisiert als gemeinnütziger Verein, mit einem humanen Anspruch. Ich kapiere es irgendwie nicht. Dass sie mich loshaben möchten verstehe ich noch, aber nicht die Art und Weise, die ja nicht sehr Erfolg versprechend ist. Mit einer Vorruhestandsregelung wären sie mich in zwei Jahren los. Ich hatte schon die Idee, die Geschäftsleitung nach einer

Abmahnung zu fragen. Dann hätte ich etwas Justiziables in der Hand." „Um Gottes Willen, tun Sie das ja nicht. Wir werden es beobachten. Es wird sehr schwierig sein, Sie zu entlassen. Wenn, dann mit einer ansehnlichen Entschädigung. Sobald etwas spruchreif wird und Sie mich brauchen, geben Sie mir umgehend Bescheid."

Am Abend nach dem Abendessen legte Anna ihre Hand auf meine und sagte: „Tiger, was war eigentlich los die letzte Nacht? Das habe ich bei dir noch nie erlebt. Es war verstörend. du hast dich hin und her gewälzt, gestöhnt und laute Geräusche von dir gegeben. Ich konnte dich kaum beruhigen und habe immer wieder deinen Kopf gestreichelt."

„Ich weiß nicht, seit dieser Mobbing-Geschichte habe ich wieder diese Alpträume. Es sind immer die zwei gleichen. Mit dem Tod meiner Mutter waren sie von heute auf morgen verschwunden. Jetzt sind sie wieder da." „Was für Träume?" „Ich sitze auf einem gepackten Koffer, der schräg am Ende eines schmalen, langen Flurs steht. Links und rechts stehen aneinandergereiht Blechspinde, deren offene Türen hin und her schwingen und mit ihrem Geklapper einen Höllenlärm verursachen. Am Ende des Flurs ein riesiges, geöffnetes Fenster. Der Wind bläst in den Gang, und weiße, lange Gardinen flattern in den Raum. Die Szene spielt in meinem Internat. Ich warte darauf, dass mich jemand abholt. Es holt mich aber niemand ab."

„Bei dem anderen Traum renne ich mit einer Collegemappe durch menschenleere Straßen, um noch rechtzeitig anzukommen. Dann stehe ich abgehetzt vor einem riesigen Gebäude mit einer großen Eisentür und einem ringartigen Klöppel aus Eisen, den ich immer wieder gegen das Tor schlage. Aber es macht niemand auf. Ich will dort die Prüfung ablegen. Abitur nehme ich an. Die Träume sind immer die gleichen. Vielleicht sind das meine Versagensängste, die wieder hochkommen."

„Was ist da eigentlich passiert mit dir, der Schule und den ganzen Internaten? Du hast ja nie darüber gesprochen." „Meine Mutter hat mich schon mit neun Jahren in ein Internat mit angeschlossener Oberrealschule gegeben. Das war die Bezeichnung, bevor sie in Gymnasium umbenannt wurde. Meine Mutter hatte so ein Rosamunde-Pilcher-Bewusstsein. Sie sah mich schon gleich nach der Geburt als Chefarzt einer Uniklinik. Irgend sowas in der Richtung. Aber ich war in der Entwicklung noch ein bisschen zurück, sehr verspielt und konnte mit der Schule nichts anfangen. Ich habe mich total verweigert. Sie haben alles versucht, Nachhilfe in mehreren Fächern. Sie schleppten mich zu einem Psychologen in München. Ich musste Bäume mit vielen Ästen malen. Der Psychologe hat mir Lebertran verschrieben. Sie schleusten mich durch drei Internate, staatlich, katholisch, evangelisch. Das letzte war eine Privatschule mit angeschlossenem Internat für Kinder wohlhabender Eltern. Der Lebenstraum eines Pastors. Es hat alles nichts genutzt. Als mich mein Vater abholte, sagte er bei der Verabschiedung zu dem Schulleiter, unser Sohn ist die größte Enttäuschung unseres Lebens. Als Strafe musste ich eine Lehre als Kfz- Mechaniker antreten, um die Härte des Lebens zu spüren. Ich wurde nicht gefragt.

Für meine Mutter, die Frau des Fabrikdirektors, war das eine Schande. An einem Sonntag beim Mittagessen sagte sie: „Mit Proletariern möchte ich nicht an einem Tisch essen." Die Haushälterin hat dann für mich extra gekocht. Bei einer Auseinandersetzung, so belanglos, dass ich nicht mehr weiß, um was es ging, warf sie mir an den Kopf: ‚Ich wollte, du wärst nicht geboren.' Ich beklagte mich bei meinem Vater, ob er nicht etwas unternehmen könne. Er schaute an mir vorbei an die Wand. Es fehlte ihm an Haltung."

„Du wolltest nie Kinder. Liegt der Grund in diesen Erlebnissen?"

„Ich empfand es immer als Zumutung, dass ich, biologisch bedingt, irgendwelchen Leuten anvertraut wurde. Ich hatte damals keine Kontrolle über mein Leben. Die Kontrolle zu bekommen war von da an mein vorrangiges Lebensziel. Durch ein Kind wäre ich außer mir und könnte das nicht mehr gewährleisten. Davor habe ich Angst. Mit Kindheit und Schulzeit wollte ich nie mehr konfrontiert werden. Auch nicht mit vertauschten Rollen."

„Du hast ebenfalls nicht viel von deiner Kindheit erzählt." „Meine Kindheit war sehr schön. Mein Vater arbeitete am städtischen Bauhof und meine Mutter halbtags im Haushalt bei reichen Leuten, die nicht weit von uns entfernt wohnten. Wir hatten nicht viel Geld, sind auch nie in Urlaub gefahren. Meine Mutter hat mich sehr geliebt. Mit 15 Jahren bin ich in den Ruderclub wegen der gut gebauten Jungs. Nur mein jüngerer Bruder hat mich genervt. Er war schon damals religiös und hat sich über meinen zu kurzen Rock aufgeregt. Wenn er mich verpetzt hat, weil er mich beim Knutschen mit einem Jungen gesehen hatte, hat meine Mutter gesagt: ‚Lass die Mädi in Ruhe.' Einen Kinderwunsch habe ich nie verspürt. Meine Mutter sagte immer: ‚Anna, lass dir bloß Zeit mit dem Kinderkriegen.'"

13

Ich beschloss, so früh wie möglich, mit 63 Jahren, in Rente zu gehen. Die Abschläge, die dadurch entstanden, nahm ich in Kauf. Der Personalchef war inzwischen zum Geschäftsführer befördert worden, und die Situation hatte sich beruhigt. Er ließ mich in Ruhe, und ich erledigte meine Arbeit. Eine offizielle Verabschiedung habe ich abgelehnt. Einer Pro-forma-Würdigung meiner Arbeit wollte ich mich nicht aussetzen. Stattdessen organisierte ich mein eigenes Abschiedsfest in einem Nebenzimmer meines Lieblingsitalieners. Geladen waren die Kolleginnen und Kollegen, mit denen ich gut zusammengearbeitet hatte, unsere Werbeagentur, unsere PR-Agentur und andere externe Dienstleister, darunter viele Fortbildungstrainer. Mit vielen verband mich eine jahrzehntelange Zusammenarbeit.

Mein letzter Arbeitstag war ein Montag. Das hatte ich mit Hilfe von Urlaubstagen bewusst so arrangiert, weil ich das letzte Wochenende alleine in meinem Büro verbringen wollte. Ich liebte mein Büro. Es war hell und großzügig geschnitten, mit einem Balkon, dem Ausblick auf den kleinen Park und einer kleinen Espressobar neben dem Besprechungstisch. Das letzte Jahr verbrachte ich viele Wochenenden hier. Durch Annas Krankheit musste ich immer wieder freie Tage nehmen. Die fehlende Zeit holte ich am Wochenende nach. Anna verbrachte den Sonntag wie die anderen Tage liegend auf der Couch, hat gelesen, Hörbücher angehört und zwischendurch geschlafen, weil sie immer öfter von großer Mattheit befallen war. Am Abend kam ich rechtzeitig nach Hause, um Nudeln mit Gemüsesoße zu kochen. Ich orientierte mich an der vorgeschriebenen Diät des Arztes aus Worms und hatte mir von seiner Arzthelferin ein spezielles Kochbuch schicken lassen. Nudeln waren erlaubt.

An diesem letzten Büro-Sonntag gab es nicht mehr viel zu tun. Alles war aufgearbeitet und abgeschlossen.

Nach dem Frühstück gegen Mittag fuhr ich los. An Sonntagen gab es in dem vornehmen Stadtteil, in dem unsere Geschäftsstelle lag, genügend Parkplätze. Die Leute waren unterwegs zu ihren Ausflugszielen. Ein wunderschöner Sommertag. Ich saß auf dem Balkon meines Büros, trank einen Espresso und schaute auf die Jalousien der gegenüberliegenden Wohnung. Wie immer war sie am Wochenende nicht zu Hause. Werktags konnte ich von meinem Schreibtisch ihren Balkon einsehen. Sie betrat ihn gegen 10 Uhr im Morgenmantel und rauchte eine Zigarette. Ein, zweimal im Monat stand ein Mann neben ihr. Sie muss mich auch gesehen haben, zwanzig Jahre lang hatten wir Blickkontakt. Es hätte mich sehr interessiert, zu erfahren, was für ein Mensch sie ist, und was sie so macht. Warum ist sie am Sonntag nie zu Hause? Ob sie mich vermissen würde?

Am Montag habe ich mich nachmittags in der Geschäftsstelle von allen Kolleginnen und Kollegen verabschiedet. Unser neuer Geschäftsführer war als letzter an der Reihe. Ich stand vor seinem Schreibtisch und sagte: „Ich verabschiede mich von Ihnen und wünsche Ihnen persönlich und beruflich alles Gute." Er stand auf, lief um den Schreibtisch herum, gab mir die Hand und sagte: „Ebenso."

Ich verließ die Geschäftsstelle, überquerte die Straße, stieg in mein Auto und fuhr ins Fitnessstudio.

Beim darauffolgenden Samstagnachmittagskaffee sagte ich zu Anna: „Ich finde, wir sollten ein großes Fest feiern. Es gibt mehrere Anlässe. Mein kommender Geburtstag, und rückwirkend können wir meinen 60zigsten gleich nachfeiern, weil wir damals in meiner Mobbingphase keine große Lust zum Feiern hatten. Der Eintritt in meinen Ruhestand und unsere neue Lebensphase und mit etwas zeitlichem Verzug die Einweihung der neuen Wohnung. Was meinst Du?" „Finde ich gut. Wir müssen uns aber ranhalten. Es ist Anfang September, am 19. hast du Geburtstag. Ein Samstag. Trifft sich gut. Wen laden wir ein?"

„Alle." „Wie alle?" „Na ja, alle, die wir kennen." „Also, ich weiß nicht." „Also gut, Anna, wir machen noch an diesem Wochenende eine Liste, dann geh ich am Montag zu Sabine in meiner alten Werbeagentur und lasse die Einladungskarten drucken."

Wir haben alle eingeladen. Die Leute vom Fest in der vorigen Wohnung. Unsere Freundinnen und Freunde, Annas Brüder, Kolleginnen und Kollegen aus der Arbeit, Sabine und ihren Vater, den Seniorchef der Werbeagentur, sogar Kirsten, die Chefin unserer PR-Agentur aus Hamburg. Auch meinen Freund Dominik, den ich schon seit meiner Lehrzeit kenne. Auf meinen Wunsch luden wir einen besonderen Gast ein: Hildegard, 85 Jahre, aus dem Altenheim. Obwohl ich mich neben dem Beruf um Anna kümmern musste, habe ich Hildegard nebenher betreut und regelmäßig im Altenheim besucht. Nicht weit von ihrem Altenheim entfernt gab es ein kleines italienisches Eiscafé. Dort sind wir immer eingekehrt. Wir bestellten eine Minipizza und teilten uns ein Viertel Glas Wein. Als Dessert bestellten wir eine kleine Portion Eis.

Kennengelernt hatte ich Hildegard vor 40 Jahren, als ich eine Volkshochschule in der Nähe von München leitete. Hildegard, eine gelangweilte Ehegattin eines Siemensmanagers ohne Kinder und sehr England-affin, hatte im Cambridge-Institut Kurse belegt und mit einem Diplom abgeschlossen. Von meinem Bürofenster sah ich schon beim ersten Mal den gelben BMW auf den Parkplatz fahren. Dann stand Hildegard in meinem Büro und bestand darauf, in der Volkshochschule Englisch zu unterrichten. Wir konnten aber eine fast 50-jährige Hausfrau als Englischlehrerin nicht gebrauchen. Für Englisch hatten wir genügend Native Speaker und Lehrer vom Gymnasium. Als sie das dritte Mal bei mir im Büro stand, arbeitete ich gerade am neuen Herbstprogramm. Um sie loszuwerden, sagte ich: „In Ordnung, Sie bekommen einen Kurs speziell für die älteren Damen der Gesellschaft." Sie bekam die Aufgabe ihres Lebens und hat sich mit Leidenschaft ihrer neuen Aufgabe gewidmet. Ihre Kurse mit den meist älteren Damen wurden ein Erfolg. Es entstanden Damenkränzchen, die gemeinsam ausgingen und ihre Geburtstage zusammen feierten. Ich habe mich um die Kurse gekümmert und sie gut betreut. Dafür hat sie mich geliebt, und sie nahm mich an wie ihren eigenen Sohn. Dass ich so früh weggegangen bin, hat sie mir nie verziehen. Sie hat noch lange in der Volkshochschule gearbeitet und wurde zu einer Institution. Unser Kontakt ist geblieben, auch über den Tod ihres Mannes hinaus.

Am Montag bin ich zu Sabine in die Werbeagentur gefahren und habe die Gästeliste mitgebracht, damit die Einladungskarten von dort direkt verschickt werden konnten. Durch die lange Zusammenarbeit waren wir ein eingespieltes Team und haben eine stilvolle, witzige Einladungskarte entworfen. Sabine sagte mir zu, die Karten spätestens am Donnerstag zu verschicken. Auf dem Rückweg besuchte ich Hildegard, um sie zu überraschen und sie persönlich zu der Party einzuladen. Sie war sichtlich erfreut, weil es für sie eine Abwechslung in ihrem tristen Alltag bedeutete.

Samstagnachmittagskaffee: „Die Einladung habe ich am Montag auf den Weg gebracht. Wenn alle kommen, müssen wir mit 45 Personen rechnen. Realistisch an die 40 Leute." „Was machen wir mit den Gästen, die von auswärts kommen?" „Dein älterer Bruder Lothar mit seiner Familie übernachtet wieder bei eurem Bruder Harald. Der wohnt ja nur 30 Kilometer entfernt und fährt heim, wie immer. Kirsten hat eine Freundin in München und ist hier sehr oft beruflich unterwegs, auf Messen und so. Sie kümmert sich selbst. Außer ihr hat Dominik die längste Anreise. Er kann bei uns übernachten, wir haben genügend Platz. Vielleicht bleibt er für ein paar Tage."

„Was hältst Du davon, wenn wir unseren Feinkostitaliener aus unserem Viertel mit dem Catering beauftragen? Die kochen gut, besorgen guten und bezahlbaren Wein und könnten auch das Geschirr und die Gläser mitbringen." „Ja, gute Idee. Dann brauchen wir uns darum nicht zu kümmern. Aber was machen wir mit den Sitzgelegenheiten? Die Leute können ja nicht die ganze Zeit stehen." „IKEA? Dort gibt es stapelbare billige Hocker. Die schauen sogar nett aus. Dabei könnten wir gleich noch jede Menge Papierservietten und Kerzen einkaufen."

Mit dem Rollstuhl unterwegs zu sein hatten wir schon eingeübt. Es entpuppte sich als Vorteil, dass wir einen Dreitürer gekauft hatten. Die zwei Seitentüren besaßen große Ausmaße und erleichterten das Einsteigen. Ich öffnete die Beifahrertür und schob Anna mit dem Rollstuhl schräg an den Beifahrersitz. Sie konnte sich mit eigener Kraft an den Armlehnen hochhieven und auf den Autositz setzen, mit den Beinen zum Gehsteig. Ich zog den Rollstuhl zurück, umfasste ihre Beine und hob sie in den Innenraum. Dann bewegte ich den Rollstuhl zur Hecktür, klappte ihn zusammen und legte ihn in den Kofferraum. In der Tiefgarage von IKEA parkten wir auf dem Behindertenparkplatz in der Nähe des unterirdischen Eingangs. Den Parkausweis für Behinderte mit besonderer Gehbehinderung hatten wir uns vor drei Wochen besorgt. In dem Möbelhaus konnten wir uns mit dem Rollstuhl gut bewegen. Es gab überall Aufzüge, die Gänge waren großzügig ausgelegt, sogar behindertengerechte Toiletten waren vorhanden, die wir aber noch nicht brauchten. Die 20 Hocker platzierte ich auf einen großen Einkaufwagen. Anna hatte sich Lederhandschuhe besorgt, um sich durch das Anschieben der Rollstuhlräder selbst fortzubewegen. Rollstuhl und die Hocker passten mühelos in unser Auto. Für die Party war alles vorbereitet.

Vor dem großen Ansturm holte ich Hildegard vom Altenheim ab Wir platzierten sie in unseren bequemsten Sessel. Während der Party wurde sie als alte Dame mit ihren tausend Falten und ihren direkten Äußerungen wie: „Ach, Herr Bender, ich liebe Sie so", zu einem Anziehungspunkt. Alle bemühten sich, ihr Leckereien vom Buffet zu besorgen. Sie genoss es, wieder einmal im Mittelpunkt zu stehen. Um Anna hatten sich die Männer gruppiert. Sie rückten mit den leichten Hockern heran und konnten sich mit ihr auf Augenhöhe unterhalten. Der Jordanier saß wieder ganz dicht dran, wie bei der Party in der vorigen Wohnung. Nur Dominik saß ein bisschen abseits, wie verloren. Ich habe mich nicht um ihn gekümmert, weil ich wusste, dass er noch drei Tage bleiben wollte.

Nachdem die meisten das Dessert gegessen hatten, hielt ich eine launige Rede. Ich weiß nicht mehr genau, um was es ging, aber immer wenn ich mir die Bilder anschaue, fallen mir die lachenden Gesichter auf. Ich hatte wieder Fritz, den Profi-Fotografen, engagiert. Ihm habe ich viele schöne Fotoalben über fast drei Jahrzehnte meines Lebens zu verdanken.

Es war eine fröhliche Party. Im Hintergrund lief Musik. Die Nichten von Anna haben sich darum gekümmert. Aber getanzt haben wir nicht mehr.

Als ich am Sonntagmorgen aufstand und ins Esszimmer schaute, war schon ziemlich viel aufgeräumt. Dominik saß auf dem Balkon und rauchte eine. „Bist du schon lange auf?" „Ich wache schon seit Jahren um 5 Uhr auf." „Lasse dich nicht stören, ich gehe ins Bad. Anschließend können wir den Rest aufräumen. Das Geschirr und die Gläser holen die Italiener am Montag ab. Anna kann noch ein bisschen schlafen. Für sie ist so eine Party anstrengend."

Beim Frühstück blickte Anna erst zu Dominik, dann zu mir und fragte: „Wie habt ihr euch eigentlich kenngelernt?" „Wir waren während der Lehre zusammen in einer Klasse der Berufsaufbauschule. Sie wurde Mitte der 1960er-Jahre ins Leben gerufen und war dafür gedacht, das Intelligenzpotenzial der Lehrlinge auszuschöpfen. Tatsächlich waren die meisten Schüler unserer Klasse Kinder von Arbeitern, Handwerkern und Bauern. Für bourgeoise Jungs wie uns, die im Gymnasium versagt hatten, war sie eigentlich nicht gedacht."
    Zu Dominik gewandt sagte ich: „Dein Vater hat als Arzt praktiziert, und ich kann mich erinnern, wie du die halbe Klasse zu dir nach Hause eingeladen hast, mit Übernachtung in Schlafsäcken. Am meisten hat mich die riesige Bücherwand in der Galerie des Wohnzimmers beeindruckt und wie nett sich deine Mutter uns gegenüber verhalten hat. Die Schule fand samstags statt. Ich hatte mich nur angemeldet um am Samstag meinem Elternhaus entfliehen zu können."

14

Wir parkten neben der Oper. Eine günstige Gelegenheit wegen der vielen Behindertenparkplätze. Das Bekleidungsgeschäft befand sich gegenüber auf der anderen Straßenseite. Anna brauchte Hosen, die an der Taille auflagen. Weiter oben am Bauch konnte sie den Bund nicht mehr ertragen. Die Hosen von René Lezard waren ideal. Auch sonst gefiel ihr die Mode. Die Storeleiterin, eine ältere Dame im schwarzen Hosenanzug mit langen grauen Haaren, kannte uns schon. „Guten Tag, schön, dass Sie uns wieder besuchen. Wie kann ich Ihnen behilflich sein?" „Ich brauche zwei lange Hosen für den Winter, hell- und dunkelgrau. Möglichst weit geschnitten." Die großen Umkleidekabinen in dem Store mit den kleinen Sitzbänken waren von Vorteil. Der Rollstuhl passte gut rein, und dahinter konnte man den Vorhang zuziehen. Ich hängte die beiden Hosen an den Haken seitlich an der Wand und setzte mich vor Anna auf die kleine Bank. Anna öffnete im Sitzen den Gürtel und knöpfte ihre Hose auf. Ich stand auf, griff ihr unter die Arme und hob sie hoch, bis die Hose an ihren Beinen runterrutschte. Dann setzte ich sie wieder hin, hob ihre Füße hoch, streifte die Hose ab und legte sie neben mich auf die Bank. Die neue Hose nahm ich vom Haken, entfernte den Bügel, setzte mich wieder auf die Bank, hob noch einmal Annas Füße hoch und schob die neue Hose über ihre Füße und Unterschenkel. Nachdem Annas Füße wieder den Boden berührten, lag die Hose zusammengefaltet um ihre Knöchel gruppiert auf dem Boden. Der schwierigste Moment kam jetzt. Ich stand von der Bank auf, griff Anna unter die Arme und hob sie hoch. Mit der linken Hand habe ich sie festgehalten und im Bücken versucht, mit der rechten Hand die Hose hochzuziehen. Dabei verloren wir die Balance und krachten gegen die Seitenwand der Kabine. Durch den Krach eilte die Storemanagerin herbei und fragte durch den geschlossenen Vorhang: „Ist alles in Ordnung bei

Ihnen?" Wir mussten lachen. Es war weiter nichts passiert, und ich sagte: „Keine Sorge, es ist alles in Ordnung."

Anna bekam die Hose angezogen, ich zog den Vorhang zur Seite und schob den Rollstuhl nach außen. Die Managerin schaute besorgt. Anna musste immer noch lachen und sagte: „Entschuldigen Sie bitte, aber wir haben beim Anprobieren die Balance verloren." Anna schaute sich mit der neuen Hose im Spiegel an. „Gefällt mir gut, sitzt auch gut im Bund. Aber ich fürchte, wir müssen sie etwas kürzen." Die Managerin und ich hoben Anna seitlich unter den Armen in eine Stehposition. Die Schneiderin kam, zog den Rollstuhl etwas zurück und nahm Maß.

Bei der Heimfahrt sagte Anna: „Ich glaube nicht, dass ich so eine Anprobe noch lange machen kann. Es strengt mich sehr an. Vor allem diese Muskelanspannung in den Beinen. Bisher hat bei mir noch kein Medikament wirklich gewirkt. Auch Cannabis nicht, das ich mir anonym schicken lasse. Dieses angebliche Wunderheilmittel."

Anna hatte einen neuen Arzt gefunden. Ein dicker, gemütlicher Typ. Sie kannte ihn schon als Oberarzt von der ersten MS-Reha-Klinik am Starnberger See. Er hatte sich selbstständig gemacht. Wichtig war ihr vor allen Dingen, dass sie die Infusionen mit den Immunglobulinen fortsetzen konnte.

Seit ich nicht mehr berufstätig war, hatte sich auch sonst einiges verändert. Ich übernahm die gesamte Pflege. Der Pflegedienst kam nur noch bei Bedarf. Die Physio- und die Ergotherapeutin kamen einmal in der Woche in die Wohnung. Ich habe am Abend warm gekocht, damit wir den Tag zur freien Verfügung hatten. Die Mahlzeiten richteten sich nach der vorgeschriebenen Diät, waren aber einfach, Heringsfilet mit Kartoffeln oder ein Pilz-Risotto. Nur am Samstagabend gab es immer ein Drei-Gänge-Menü mit einem Glas Wein, schön serviert mit Kerzen und Stoffservietten. Die frischen Zutaten kaufte ich am frühen Nachmittag in München auf dem Viktualienmarkt.

Deshalb hatte ich Anna vorgeschlagen, unsere Besprechungen vom Samstagnachmittag auf den Freitag zu verlegen. Die Freitagsbesprechung war damit etabliert.

15

Wir hatten seit drei Jahren keinen Sex mehr. Es war nicht nur mein Verlangen nach Sex, vielmehr ganz stark nach Körperlichkeit und Berührung. Annas Hautoberfläche wurde immer empfindsamer, und sie konnte Berührungen, feste Umarmungen, kaum ertragen.
Ich wollte es vor dem nächsten Wochenende ansprechen.
Beim Freitagnachmittagskaffe sagte ich zu Anna:
„Wäre es ein Problem für dich, wenn ich in ein Bordell ginge?"
„Hast du schon Erfahrungen mit Bordellbesuchen?"
„Nein, noch nie."
„Du wirst es tun, aber ich will nichts davon wissen."

Ich studierte die Sex-Annoncen in der Abendzeitung und fand sie abstoßend. Gerade wollte ich die Zeitung zur Seite legen, da fiel mir eine Anzeige auf:
„Hübsche, junge und gepflegte Amateurinnen verwöhnen dich bei erotischen Liebespielen. Kein Club, diskret und privat. www …"

Der Öffner summt. Ich schließe die Türe hinter mir, stehe in einem kleinen Vorraum, vor mir eine kleine, steile Treppe. Oben wartet die Hausdame. Schwarzer Hosenanzug, nach hinten gekämmtes, schwarzes Haar. Sie wirkt bestimmt und verbindlich, stellt sich unaufgefordert als Carmen vor. Ihre direkte Art gefällt mir, sie nimmt mir meine Unsicherheit.
„Hast du Erfahrung mit Häusern wie unserem?" „Nein, es ist das erste Mal." „Der Preis beläuft sich auf hundert Euro pro halbe Stunde. Hundertfünfzig für 45 Minuten, zweihundert für eine Stunde. Der Quickie in fünfzehn Minuten ist für fünfzig Euro zu haben. Für Extras wie Analverkehr musst du mehr zahlen. Aber das ist Sache der Mädchen. Die entscheiden, wie weit sie gehen wollen."

Vom Flur aus führen vier Türen zu den Zimmern. Wir gehen in das Zimmer mit der Nummer 1. Die Hausdame geht voraus, und ich folge ihr. Ich schaue mich um. Das Zimmer ist groß, aber nicht hell. Die Gardinen sind zugezogen. In der Mitte steht ein Doppelbett. Rechts an der Wand eine schwarze Couch, daneben eine Stehlampe, die ihr Licht an die Decke wirft.

„Möchtest du etwas trinken?" „Eine Cola light." „Du hast einen Termin bei Tamara. Sie bringt das Getränk."

Tamara klopft an, schaut vorsichtig zur Tür herein. „Ich glaube, du bist noch nicht so weit. Soll ich draußen warten?" „Nein, es ist in Ordnung. Komm ruhig herein."

Nachdem wir uns vorgestellt haben, gebe ich ihr einen Kuss auf die Wange. „Bitte drei wie in Russland", sagt sie. Ich lache und gebe ihr noch zwei sanfte Küsse. „Du hast eine Stunde gewählt, das ist optimal."

Ich zahle.

„Ziehe dich schon einmal aus, ich komme gleich wieder." Tamara bringt zwei Badetücher und drei Kondome. Gleitcreme und Papierhandtücher liegen schon auf dem Kästchen neben dem Bett. Tamara nimmt mich an der Hand. „Du bist für eine Stunde mein Geliebter und ich deine Geliebte." Sie stellt sich mit dem Rücken vor mich. „Hilf mir beim BH?" Es hakt. Tamara dreht den Kopf nach hinten. „Bist du nervös?" Schnell streift sie ihr Höschen ab.

Ich drücke mich von hinten an ihren Körper, fahre mit den Händen von ihren Oberschenkeln langsam zu ihrem Busen, streiche über ihre Nippel und spüre, wie sie sich aufrichten.

Tamara liegt auf dem Bett, ich drücke ihre Beine auseinander, nehme ihre rechte Hand von ihrem Knie und führe sie zwischen ihre Beine. Sie streichelt sich mit ihrem Mittelfinger und streckt dabei den Zeigefinger geradeaus. Ich schaue ihr zu, lege mich neben sie, um ihren Busen zu berühren und flüstere ihr ins Ohr: „Setz dich auf mich drauf."

Sie kniet sich hin, holt das Kondom vom Bettrand, reißt die Verpackung auf und zieht es über meinen erigierten Penis. Bei ihren Bewegungen beugt sich Tamara nach vorne und küsst mich auf den Mund. Ich umfasse ihre Hüften, schaue sie an und sage: „Bewege dich ganz langsam."

Wir liegen schweigend nebeneinander. Tamara fährt mit zwei Fingern über meinen Mund. „Willst du eine Massage?" „Ja, gerne." Ich spüre, dass sie viel Kraft hat. Ein gutes Gefühl.

Tamara läuft nackt um das Bett und richtet es her, spannt Laken, schüttelt Kissen auf, sammelt Kondome und Papiertücher ein. Sie dreht sich zu mir. „Ich bin Krankenschwester, es macht mir Spaß, hier zu arbeiten."

Während ich mich am Waschbecken wasche, beobachte ich ihre grazilen und eleganten Bewegungen. Obwohl sie sich zurückhaltend verhält, auf meine Wünsche eingeht, wirkt sie selbstbewusst und souverän. Sie gefällt mir. Mit Stöckelschuhen ist sie fast so groß wie ich. Kurzes, blondes Haar, schlank, sportlich. Knallroter Lippenstift, den sie nach der Begrüßung abschminkt. Sie wird das jedes Mal ankündigen: „Ich schminke mich besser ab."

Ich werde sie wieder besuchen.

Ich fühlte mich aufgekratzt. Auf der Straße blicke ich in die entgegenkommenden Gesichter. Ich hatte Sex. Jeder sieht es mir an. Überspannte Gefühle wie beim ersten Orgasmus in der Pubertät.

Bei Carmen: Das ist kein Laufhaus mit täglichem Service rund um die Uhr. Das Etablissement bietet seine Dienste von Montag bis Freitag an. Die Bordelle sind zu unterschiedlichen Zeiten geöffnet. Sie schließen meist um 22 Uhr. Selten geht es bis Mitternacht oder ein Uhr. In einigen wird auch am Wochenende gearbeitet. *Bei Carmen* macht um 8.30 Uhr auf. Eine Marketingstrategie, um Männer vor ihrer Bürozeit abzufangen. Für mich ist das ideal, weil ich zu der Zeit im Fitnessstudio bin und es nicht weiter auffällt.

Es ist mein zweiter Besuch bei Tamara. Am Schluss haben wir noch ein bisschen Zeit. Carmen, die Hausdame, nimmt es nicht so genau, wenn kein anderer Gast wartet. Ich frage Tamara, ob sie noch woanders arbeitet. Sie nennt mir einen Ort, an dem ich schon einmal den Dom besichtigt habe. In der Nähe habe ich früher viele Schulferien bei meinen Großeltern verbracht. Das Bordell heißt *Loveparade*. Die Chefin nennt sich Eva.

Im Internet schaute ich mir das Etablissement an. Ungefähr zwanzig Frauen bieten rund um die Uhr ihre Dienste an. Professionell. Eine Preisliste mit Servicepaketen, in der die einzelnen Dienste genau beschrieben werden. Im Gästebuch stehen Kommentare und Fragen: „Ich bin schüchtern und hatte noch nie Geschlechtsverkehr. Könnt ihr mir ein Mädchen empfehlen?"
Über Erfahrungen mit Mädchen werden Bewertungen abgegeben. Die Gäste kommunizieren miteinander, Eva beantwortet Fragen. Das Ganze ist interaktiv gestaltet. Die Prostituierten werden genau beschrieben: Nationalität, Sprache, Alter, Konfektion, BH-Größe, Körpergröße, Haarfarbe, ob rasiert, gepierct, mit Tattoo, ob sie Raucherinnen sind.
Mein Herz schlägt schneller.
Tamara, die versauteste Hure von allen. Der Service von Tamara: „Safer Sex. Französisch ohne Kondom, Gesichtsbesamung, Rollenspiele, Poolbuchung, Specials: Sex mit zwei Männern, Fisting passiv, arabische Küsse."

Bei Carmen sind ihre Serviceleistungen dezent umschrieben. „Ich schmuse dich um den Verstand. Vieles ist möglich." Dabei wirkte Tamara elegant und zurückhaltend. Das verunsicherte mich. Eine stilvolle Hure: Das ist sie für mich. Eine verkommene Nutte: Das ist sie nicht.

An den Kommentaren im Gästebuch über Tamara lässt sich ablesen, wie begeistert ihre Kunden von ihr sind: „Intelligent, gefühlvoll, toller Körper, sinnlich. Kennt keine Tabus. Sie ist die Beste. Freundlich. Sie genießt es!"

Ich brauchte eine Woche, um mein Gleichgewicht wiederzufinden.

Die Reise zu Tamara ist eine Reise zurück in die Kindheit. Es geht steil aufwärts. Die schmale Straße liegt nicht weit entfernt vom Zentrum der Kleinstadt. Den Wagen habe ich in einer öffentlichen Tiefgarage geparkt. Ich schlendere die Straße hoch, schaue links und rechts die Mietshäuser an. Keine protzigen, hohen Gebäude. Sie wirken eher wie größere Reihenhäuser, schmal und unscheinbar, keines höher als vier Stockwerke. Es ist bedrückend, wie verkommen die Umgebung wirkt. Türen sind mit Brettern zugenagelt. Herunterhängende, zerfetzte Rollos. Müll liegt herum. Verrostete Autos am Straßenrand. Kein Mensch ist zu sehen. Ich schaue angestrengt hoch zu den Fenstern, um ein Gesicht oder eine Bewegung zu erhaschen. Nichts, alles liegt wie ausgestorben. Am Ende der Sackgasse komme ich zu der Stelle, wo früher die große Schuhfabrik stand, die zweitausend Arbeitern ihr Auskommen sicherte. Heute sehe ich ein Ruinenfeld, das in seiner Ausdehnung kaum zu überblicken ist. Verrottete Fabrikhallen mit eingestürzten Dächern, eingeschlagenen Fenstern. Alle kauften damals diese Schuhe, vor einem halben Jahrhundert. Ich erinnerte mich noch an Lurchi, den Salamander. In den Schuhläden bekamen die Kinder die grünen Heftchen in die Hand gedrückt.

Der Rückweg führte mich abwärts wieder an dem Mietshaus vorbei, in dem meine Großeltern gewohnt haben. Berta und Eugen. An den Klingelschildern lese ich jetzt Namen wie Ösmir, Bratic, Tarkan. Manche Klingelschilder sind heruntergerissen, die Namen unleserlich. Ich schaue nach oben. Dort oben hatten sie ihre kleine Wohnung, zwei Zimmer, Toilette mit Waschbecken, keine Wanne oder Dusche. Noch heute steigt mir in meinem Bad zu Hause der Geruch von damals in die Nase und erzeugt ein angenehmes, melancholisches Gefühl: Das gleiche Haarwasser.

Als kleines Kind erkundete ich das Mietshaus, in dem meine Großeltern wohnten. Am liebsten spazierte ich in den Keller zu den kleinen schwarzen Maschinen, mit denen Absätze für die Fabrik gefertigt wurden: klack, klack, klack, klack! Die Absätze purzelten in die Behälter.

Bei meinen Großeltern fühlte ich mich wohl. Die Liebe zu ihrem einzigen Sohn Werner übertrugen sie auf ihren Enkel. Sie verwöhnten mich.

Jahre später, als ich die Oberrealschule besuchte, schickten mich meine Eltern in den großen Ferien wieder in die Schuhstadt. Wegen der Nachhilfe. Mein Opa kannte einen befreundeten Studienrat. Zu Fuß brauchte ich zwanzig Minuten zu dem kleinen Häuschen mit Vorgarten. Dreimal in der Woche. Der Studienrat öffnete die Tür: „Komme herein Jan, wir gehen gleich ins Esszimmer." Seine Ehefrau stellte ein Tablett mit Plätzchen, Kakao und Kaffee auf den Tisch.

Ich löste eine Mathematikaufgabe nach der anderen, und der Studienrat sagte. „Ich weiß gar nicht, wo das Problem liegt, Du kannst doch alles."

Tamaras Dienst beginnt um 21 Uhr und endet um 9 Uhr. Bei meinem letzten Besuch hatte ich ihr meine Reise angekündigt. Sie hat gesagt: „Gut, dass ich Bescheid weiß. Dann komme ich an diesem Tag früher zum Dienst, um mich für dich schön zu machen und schon mal das Wasser einzulassen."

Ursprünglich wollte ich nur eine Stunde buchen. Aber Tamara erzählte mir von einem Kunden, der sie immer für drei Stunden haben wollte. Das brachte mich dazu, ebenfalls drei Stunden zu buchen.

Die Fahrzeit dauerte 45 Minuten. Ich hatte einen Zeitpuffer eingebaut, damit nichts schief laufen konnte. Die Stadt am späten Abend ist leer. Nur ein paar Gestalten schleichen an beleuchteten Schaufenstern vorbei. Das Etablissement liegt am Rande eines Wohngebietes in einem alten Haus, von Efeu umrankt. Im vierten Stock. In den anderen Stockwerken Büros verschiedener Firmen: Export/Import, Consulting, Privatdetektei. Neben dem Haus läuft ein kleiner Weg am Bahndamm entlang. Ich habe noch fünfzehn Minuten Zeit und geh ein bisschen spazieren, um meine Anspannung abzubauen.

Oben erwartet mich die Hausdame. „Ich habe Tamara gebucht." „Sie wartet schon auf dich. Komm mit ins Empfangszimmer. Sie lässt gerade das Wasser ein."

Tamara holt mich ab. „Hattest du eine gute Reise?" „Ich habe dir etwas mitgebracht, dein Lieblingsparfum: *Dior J'adore L'Or*." Ich hatte sie beim letzten Besuch danach gefragt. „Oh, sehr lieb von dir." Sie nimmt das kleine Geschenkpäckchen mit dem hellgrünen Bändchen entgegen und gibt mir einen Kuss. „Du kannst dich schon ausziehen und duschen. Ich hole inzwischen den Sekt."

Im Whirlpool steigt der Schaum nach oben. „Fühl mal, ob die Temperatur in Ordnung ist." Ich setze mich auf die oberste Stufe in dem Whirlpool und wir spritzen uns gegenseitig mit Wasser an.

„Ich glaube, du hast die Entchen vergessen!" Tamara lacht. Wir steigen ins Wasser, plantschen herum, berühren uns, wischen mit der Handkante den Badeschaum vom Gesicht und küssen uns auf den Mund. Ich hätte große Lust, mit Tamara um die Wette zu schwimmen, aber dafür ist der kleine Whirlpool nicht vorgesehen.

Große Badetücher, gegenseitig trocken rubbeln. Ich fühle mich entspannt, ein bisschen matt und sage zu Tamara: „Wir legen noch eine kleine Pause ein, ziehen die Bademäntel an und trinken erst einmal ein Gläschen Sekt, bevor er warm wird."

Wir sitzen schon eine ganze Weile etwas verloren und schweigend an dem kleinen runden Tisch neben dem Pool. Vor uns die zwei Sektgläser und die Flasche in dem silberfarbenen Sektkühler.

Ich denke gerade: *Eine Szene wie bei Edward Hopper,* als Tamara die Initiative ergreift. „Treiben wir es auf dem Teppich oder gemütlich im Bett?" Ich blicke überrascht. Tamara zieht die Augenbrauen hoch und hebt die Hände: „Man kann ja mal fragen."

„Ich möchte eigentlich nur kuscheln."

Sie lacht und zeigt mit dem Finger auf mich: „Also, wie immer Girlfriend-Sex und als Nachtisch eine Massage!"

Nach der Massage sind wir müde. *Zu viele Gläser Sekt*, denke ich. Wir umklammern uns und schlummern noch fünfzehn, zwanzig Minuten vor uns hin. Anschließend gehen wir gemeinsam unter die Dusche.

Am nächsten Tag kam ich auf der Heimfahrt noch einmal an der Domstadt vorbei und erinnerte mich an die letzte Nacht. Ich hatte Tamara für drei Stunden gebucht, weil ich scharf auf ihre Extras war. Als es dann soweit war, spürte ich, dass ich es nicht wollte. Es war nicht das, wonach ich suchte. Mein Bild von ihr als stilvolle, dezente Geliebte sollte nicht zerstört werden. Diese Nacht mit ihr, sie hinterließ ein gutes Gefühl.

Anna hatte ich versprochen, auf dem Rückweg eine Nacht in der Reha-Klinik zu verbringen. Es war ihr dritter Aufenthalt, wieder in der Klinik im Norden Bayerns, wie beim letzten Mal. Vor drei Tagen hatte ich sie hingebracht und war dann gleich weitergefahren. Der Ort liegt auf dem Weg.

Das Ein-Sterne-Restaurant hat nicht wieder geöffnet. Alles hing an dem ermordeten Koch. Wir nahmen vorlieb mit unserem Italiener.

Den Wunsch, an den Orten meiner Kindheit auf Spurensuche zu gehen, hatte ich schon lange und dies gegenüber Anna öfter erwähnt. Sie war nicht sonderlich überrascht, als ich ihr die Reise zum Wohnort meiner Großeltern, den Eltern meines Vaters, ankündigte.

„Wie war der Trip in deine Kindheit?" „Ziemlich ernüchternd, wenn man von so einer reichen Stadt wie München kommt. Ich kannte Pirmasens vom Ende der 1950er-Jahre. Damals war es eine prosperierende Stadt mit florierender heimischer Schuhfabrikation. 40.000 Amerikaner waren dort stationiert, so viele wie die Stadt Einwohner hatte. Die Amerikaner wurden abgezogen, und die Schuhfabriken konnten gegen die aufkommende Konkurrenz aus Italien und anderen Staaten nicht konkurrieren. China war damals noch kein Thema. Inzwischen ist die Stadt das Armenhaus in Deutschland. Jedes fünfte Geschäft ist mit Brettern zugenagelt. Es gibt nur Ramschläden. Morgens um 10 Uhr in der Fußgängerzone dachte ich, es sei Sonntagmorgen, so wenige Menschen waren unterwegs. Aber erzähl mal, welche Therapie bei dir ansteht!"

„Im Grunde ist der Plan ähnlich wie beim letzten Mal. Ich hatte ein gutes Gespräch mit einem jungen Arzt und ihm erzählt, dass ich schon lange keine Schübe mehr hatte. Er meinte, dass der Verlauf meiner Krankheit in eine chronisch fortschreitende Phase übergegangen sei. Durchaus üblich nach zehn Jahren. Er will mir auch mit einem neuen Medikament gegen meine Spastik weiterhelfen. Ich habe eine sehr sympathische Frau kennengelernt. Sie sitzt bei mir am Tisch. Sie kann sich kaum noch bewegen und braucht einen Elektrorollstuhl. Sie hatte schon drei Kinder und bekam dann trotz ihrer Krankheit noch ein viertes. Die Schwangerschaft verlief problemlos, aber danach wurde es richtig schlimm. Es hätte mich interessiert, warum sie das vierte Kind bekam, aber die Frage schien mir zu intim. Auch für ihren Mann, einen Informatiker, ist es trotz Haushaltshilfe ein großes Problem."

16

Ich schoss aus dem Tiefschlaf hoch. Bevor ich mich orientieren konnte, sah ich Anna, halb aufgerichtet, schreiend: „Tiger, Tiger, hilf mir, den Notarzt, schnell!"

Den Notruf 112 gewählt: „Meine Frau hat irgendwie einen andauernden extremen Schmerzanfall. Sie ist an Multipler Sklerose erkrankt. Bitte kommen Sie schnell. 57 Jahre alt." Ich hielt deine Hand, du bäumtest dich auf, hast geschrien. Ich dachte: *Lieber Gott, bitte kommt, kommt. Kommt endlich.* 15 Minuten, eine unendlich lange Zeit. Sie kamen, drei Mann hoch.

Es ging alles ganz schnell. Geübte Griffe. Sie legten dir eine Infusion, und du wurdest ganz ruhig. Ich denke, es war Morphium oder ein ganzer Cocktail mit schmerzlindernden Substanzen, jedenfalls ein ganz schöner Hammer. „Wir müssen Ihre Frau mitnehmen, ein Blutbild machen, um zu sehen, ob sie stationär über Nacht im Krankenhaus bleiben muss." „Ich komme mit." Ich habe mich schnell angezogen, packte den Rollstuhl ins Auto und bin dem Notarztwagen hinterhergefahren. Eine Stunde habe ich in der Notaufnahme gewartet. Dann kam ein junger Arzt und hat mir mitgeteilt, dass ich meine Frau wieder mit nach Hause nehmen kann. Ich schaute auf die Uhr. Sie zeigte 4 Uhr.

Der dicke Neurologe fragte Anna, ob sie die Symptome schon öfter gehabt hätte. Sie sagte: „Noch nie so schlimm. Diesmal waren die Schmerzen extrem. Stufe 10 würde ich sagen." „Können Sie die Symptome näher beschreiben?" „Es waren messerstichartige Schmerzen, die mir vom Nacken bis in den Unterleib schossen." „Das spricht für das Lhermitte-Zeichen. Es entsteht durch überempfindliche Hirnhäute im Bereich der Halswirbelsäule, typische MS-Entzündungsherde. Es tritt auf, kann sich aber auch wieder verflüchtigen. Wir werden es mit Carbamazepin behandeln. Damit wurde schon Ihre Trigeminusneuralgie behandelt, wie ich aus den Berichten ersehen konnte. Zusätzlich bekommen Sie von mir ein Rezept für Lyrika, das die unkontrollierte Weiterleitung von elektrischen Signalen an die Nervenzellen verhindert. Wir fangen mit einer niedrigen Dosis an und werden das weiter beobachten."

Vermutlich durch die neuen Medikamente bekam Anna unzählige kleine Warzen und Hautausschlag. Vor allem am Rücken bildete sich großflächig Schorf an mehreren Stellen. Sie wurde von einer jungen Ärztin behandelt, in einer renommierten dermatologischen Praxis, die auf kosmetische Eingriffe spezialisiert war. Anna hat sich mit der Ärztin auch über private Themen unterhalten. Sie war immer beeindruckt, dass ich den ganzen Haushalt schmeiße, während ihr Mann gar nichts macht, obwohl sie auch arbeitet. In der Praxis ließ sich Anna die Warzen weglasern und den Hautausschlag mit Cortison behandeln. Von ihrer Physiotherapeutin bekam Anna den Ratschlag, einen Homöopathen aufzusuchen, damit ihre Hautprobleme nachhaltig behandelt werden konnten. Sie habe dort gute Erfahrungen gemacht.

Die Praxis des Homöopathen lag im vierten Stock eines Altbaus ohne Aufzug, und ich musste wieder einmal meine ganzen Kräfte aufwenden, um Anna in ihrem Rollstuhl hochzuziehen. Die Praxis: vier Meter hohe Wände, gediegen, mit antiken Möbeln eingerichtet.

Wir saßen vor dem großen, schwarzen Schreibtisch und ließen uns beraten. Der Homöopath hat den Hautausschlag mit einem Vergrößerungsglas untersucht. „Wir müssen das Feuer von innen bekämpfen. Dazu hilft Ihnen ein Teegemisch mit verschiedenen Kräutern und Zutaten aus der chinesischen Medizin. Wir beziehen diesen Tee von einer Apotheke aus Frankfurt. Eine Garantie, dass der Tee keine schädliche Stoffe enthält."

Nach einer Woche bekamen wir den Tee per Post. Anna hat ihn zubereitet und nach der ersten Tasse gesagt: „Pfui Teufel, der schmeckt ja ekelhaft." Nach einer halben Stunde rief Anna von der Couch aus dem Wohnzimmer: „Tiger, schnell, hole einen

Eimer, ich habe schlimme Magenkrämpfe, mir wird schlecht. Ich glaube, ich muss mich erbrechen." Nachdem sich Anna drei Mal erbrochen hatte, fragte ich sie, ob ich den kassenärztlichen Notdienst anrufen soll. „Lass mal, ich glaube, es ist jetzt vorbei. Ich bleibe einfach ruhig liegen." Ihrer Hautärztin hat sie es nicht erzählt. Die hielt von Homöopathie nicht viel. Anna ließ sich weiter mit einer Cortisoncreme behandeln.

Freitagnachmittagskaffee: „Am Montag habe ich mit Hildegard einen Zahnarzttermin um 11 Uhr. Sie hat Problem mit ihrer Zahnprothese, vor allem der unteren. Das Zahnfleisch hat sich zurückgebildet, die Prothese liegt direkt auf dem Knochen und schmerzt beim Kauen. Der Zahnarzt hat seine Praxis in der Nähe des Altenheimes und sich auf Zahnprothesen spezialisiert."

Am Sonntagnachmittag rief Hildegard an: „Jan, ich bin total erkältet, habe Schnupfen und Husten. Ich weiß nicht, ob wir den Termin beim Zahnarzt wahrnehmen können." „Das tut mir leid Hildegard, aber da können wir sonntags nicht viel machen. Ich rufe dich am Montagmorgen um 8 Uhr an, dann entscheiden wir das. Im Zweifelsfall sage ich beim Zahnarzt kurzfristig ab. Das kann man dann nicht ändern."

Montagmorgen 8 Uhr. Ich rufe bei Hildegard an. Sie geht aber nicht ans Telefon. *Wahrscheinlich ist sie gerade auf der Toilette,* denke ich. Um 8 Uhr 15 rufe ich noch einmal an. Eine Altenpflegerin hebt ab, sagt aufgeregt: „Frau Aschenbrenner ist gerade kollabiert. Ich rufe zurück, Ihre Nummer haben wir ja." Um 9 Uhr ruft die Dame von der Rezeption an. Hildegard ist gestorben. Ich sage Anna Bescheid und fahre sofort hin.

Sie liegt zugedeckt in ihrem Bett. Die Fenster sind gekippt. Ich schaue sie an, eine tiefe Traurigkeit überfällt mich. Seit über 40 Jahren ist sie ein Teil meines Lebens. Ich kenne sie länger als Anna. Ich setze mich auf die Couch. Es eilt nicht. Der Arzt kommt später, um die Todesursache festzustellen und den Totenschein auszustellen. Die Leichen werden im Altenheim erst abends, wenn die Bewohner auf ihren Zimmern sind, weggebracht. Die Altenpflegerin erzählt mir, dass Hildegard am

Frühstückstisch in ihrem Zimmer saß. Sie brachte ihr die Tagesration an Tabletten, als sie sagte: „Mir ist so schlecht!" Die Altenpflegerin hat einen Kollegen gerufen, um sie wieder ins Bett zu bringen, da war sie schon tot. Sie wurde 87 Jahre alt. Sie wäre so gerne 90 Jahre alt geworden wie ihre Mutter.

Der Arzt hat den Todesschein ausgestellt, und ich bin zu dem örtlich Bestattungsinstitut gefahren, um alles zu regeln. Hildegard wünschte sich eine anonyme Urnenbestattung wie bei ihrem Mann. Sie hatten das beschlossen, weil es keine Kinder und Verwandte gab, die sich um das Grab hätten kümmern können. Bevor ich wieder nach Hause gefahren bin, habe ich die Heimleitung gefragt, ob wir die Trauerfeier in der kleinen Kapelle im Altenheim abhalten dürften.

Anna hatte schon ungeduldig auf mich gewartet und wollte wissen, was passiert war. Ich habe ihr erzählt, wie es abgelaufen ist, und was ich bisher in die Wege geleitet hatte. „Was hast du als Nächstes vor?" „Ich habe die Trauerfeier für Dienstag, 11 Uhr, in der nächsten Woche angesetzt, damit ich genügend Zeit für die Einladungen habe. Es handelt sich vorwiegend um ältere Herrschaften. Die können bequem auf dem Parkplatz des Altenheimes parken. Anschließend gehen wir beim Italiener direkt gegenüber zum Mittagessen. Für uns ist das mit dem Parken auch günstig, und im Altenheim gibt es behindertengerechte Toiletten."

Wir kamen schon 60 Minuten vor Beginn der Totenfeier, um noch alles herzurichten. 25 Freunde und Bekannte von Hildegard hatten zugesagt. Ich hielt die Trauerrede. Anna saß mit dem Rollstuhl vor mir in der ersten Reihe. Am Wochenende hatte ich mir Notizen gemacht. Es war mir wichtig, Hildegard in ihrer ganzen Persönlichkeit darzustellen, indem ich Anekdoten aus unseren gemeinsamen Erlebnissen mit eingeflochten habe. Nicht nur ihre Hartnäckigkeit bei ihrem mehrmaligen Vorsprechen in der Volkhochschule, sondern auch die Episode mit ihrer Direktheit in der Notaufnahme. Nach einem Zusammenbruch hatte ich sie hingebracht, und der diensthabende Arzt wollte wissen, inwieweit sie ansprechbar war, und fragte: „Frau Aschenbrenner, kennen Sie den Mann?" „Ja, natürlich!" „Und wie heißt der Mann?" „Jetzt hören Sie aber auf!"

Ich hatte alle Vollmachten und musste mich darum kümmern, dass innerhalb von 14 Tagen die Wohnung im Altenheim aufgelöst wurde. Ich schaute mich in der Wohnung um und wartete auf die Entsorgungsfirma. Im Kleiderschrank, ganz unten, fand ich ein Dutzend Fotoalben. Hildegard als Kind mit ihren Eltern, als Heranwachsende, auffallend oft mit ihrem Vater, später mit ihrem Ehemann, alleine oder im Kreise von Menschen, die ich alle nicht kannte. Beim Durchblättern fiel ein kleines weißes Blatt Papier zu Boden. Ich hob es auf und hielt einen Brief an Hildegard in der Hand, geschrieben in Sütterlinschrift. Nur mit Mühe konnte ich ihn entziffern. Ein Abschiedsbrief von ihrem Tanzpartner, geschrieben im September 1941. Er verabschiedet sich von ihr, weil er eingezogen wird und hofft, dass sie sich gesund wiedertreffen und weitertanzen können, wenn alles vorbei ist.

„Hat alles geklappt mit der Entsorgungsfirma?" „Es war sehr unkompliziert. Ein Familienbetrieb. Es kam der Vater mit seinem Sohn. Sie werden die Möbel und Bilder, die sie gebrauchen können, mit den Kosten verrechnen und schicken mir einen Kostenvoranschlag. Bei dem Notar-Termin nächste Woche kommst du mit? Ich glaube, sie hat mich als Alleinerben eingesetzt." „Das ist eine Art von ausgleichender Gerechtigkeit, nachdem dich deine Mutter enterbt hat."

„Sie war zumindest konsequent. Sie hatte eine sehr destruktive Persönlichkeitsstruktur, ohne jede Empathie. Zuerst hat sie mich gehasst, weil ich in ihren Augen ein Versager war, dann hat sie mich gehasst, weil ich ein schöneres Leben als sie hatte. Ein unglücklicher Mensch, aber interessanter als mein Vater. Der war nicht greifbar."

17

Für den Samstagabend hatte ich alles eingekauft, für den Hauptgang zwei schöne Scheiben Tunfisch bei Fisch Witte auf dem Viktualienmarkt. Auf dem Weg zur U-Bahn kehrte ich noch in der italienischen Eisdiele ein auf einen Espresso und eine kleine Portion Eis. Ich freute mich auf Anna. Immer wenn ich unterwegs war, auch nur für kurze Zeit, freute ich mich darauf, sie wiederzusehen. Schon vom Flur aus konnte ich sie durch die offene Wohnzimmertüre sehen, wie sie mich anlachte und mir zuwinkte.

Auch an diesem Samstag sah ich Anna auf der Couch, aber sie winkte mir nicht zu. Ich verstaute alles in der Küche und setzte mich zu ihr. „Du hast dein Handy vergessen. Ich wollte dich anrufen und habe aus Versehen dein Handy genommen. Die schauen ja gleich aus. Dabei habe ich die SMS-Kommunikation mit dieser Hure entdeckt. Das ist keine normale Hure für dich, sondern viel mehr. Du schreibst ihr Dinge wie in einer Liebesbeziehung. Wie ich dich kenne, machst du ihr auch Geschenke. Kannst du dir eigentlich vorstellen, was das für mich als Frau bedeutet?"

Es dauerte eine Weile, bis ich meine Sprache wiederfand: „Du bist maßlos enttäuscht von mir, ich weiß. Vielleicht zerbricht auch etwas von unserer Liebe. Du bist meine Liebe. Tamara ist eine völlig andere Welt. Ich brauche diese Welt. Sie hat mit uns und unserem Leben nichts zu tun. Ich möchte nicht wie der Rocksänger Hutchence in Australien bei einem autoerotischen Unfall ums Leben kommen. Das ist mein Weg. Eine der üblichen Liebesaffären wäre für mich niemals in Frage gekommen. Das wäre für mich tatsächlich ein Verrat an dir und unserer Liebe."

Freitagsnachmittagskaffee: „Jan, ich möchte noch einmal Sex mit dir." „Ich weiß nicht, ob das so eine gute Idee ist, Anna."

„Ich möchte es, lass es uns probieren. Am Sonntagvormittag, so wie früher."

Anna lag nackt neben mir. Wir haben uns vorsichtig geküsst und zart gestreichelt. Ihr Bauch fühlte sich angespannt und hart an. Ich schob langsam ihre Beine auseinander. Es ging nicht. Nie wieder haben wir darüber gesprochen.

18

Annas körperlicher Zustand wurde immer bedenklicher. Sie war müde, fühlte sich schwach und kraftlos. Zu ihrer Erkältung seit ein paar Tagen kam noch ein leichter Durchfall dazu. Stündlich musste sie auf die Toilette. Ich fuhr sie im Rollstuhl ins Badezimmer und setzte sie auf die Kloschüssel. In diesem Zustand waren ihre Beine wie Gummi. Wenn ich sie wieder hochhob, konnte sie aus eigener Kraft nicht stehen bleiben. Sie stütze sich am Waschbecken ab, und ich umklammerte sie fest mit einer Hand und hielt sie aufrecht. Mit der anderen Hand zog ich ihre feste Unterhose hoch und legte schnell die bereit gelegte Windel hinein, bevor ich sie wieder in den Rollstuhl setzte und ins Wohnzimmer schob. Anna hatte ihr Nachthemd an und lag zugedeckt auf der Couch.

Ich setzte mich zu ihr und sagte: „Anna, ich habe diese Woche schon drei Kilogramm abgenommen. Auf die Dauer schaffe ich das nicht. Ohne mein Training im Fitnessstudio ginge es überhaupt nicht. Wir müssen uns etwas einfallen lassen. Ich habe kürzlich einen Artikel in der Süddeutschen gelesen über ein Wohnprojekt der Caritas für Behinderte und Nichtbehinderte. Soweit ich mich erinnere, gibt es dort Sozialwohnungen, aber auch freie Wohnungen zu mieten und entsprechende Pflegeeinrichtungen. Ich werde mich genauer erkundigen."

Wenn ich in meinem Arbeitszimmer saß, ließ ich alle Türen offen, um Anna zu hören, wenn sie nach mir rief. Ich hörte Anna rufen und eilte zu ihr. „Jan, ich habe einen Drang zu urinieren, aber es geht nicht. Wir müssen den kassenärztlichen Notdienst rufen." Der Arzt, ein gemütlicher älter Herr, hat sich erkundigt wie Annas Befinden ist und welche Beschwerden sie hat. „Ich denke, es muss ein Katheder gelegt werden, und Sie müssen näher untersucht werden, ob das mit Ihrer MS-Erkrankung zusammenhängt oder andere Ursachen hat.

„Ich rufe einen Krankentransport, der Sie in die urologische Abteilung der Uniklinik bringt." Ich fuhr mit dem Krankenwagen mit. Uns begleitete ein junger Rettungssanitäter, der erzählte, dass er eigentlich Medizin in Bukarest studiere, weil für Deutschland seine Abi-Note nicht gut genug war. Im Krankenhaus wurde Anna ein Katheder gelegt. Die Krankenschwester sagte: „Wenn das ein Dauerzustand werden sollte, können Sie das lernen und selber anlegen." Das Gespräch mit uns führte eine junge, gestresste Ärztin. „Es kann sein, dass die Impulsüberleitung vom Gehirn über das Rückenmark zur Blase gestört ist. Die Urinprobe werden wir auf Bakterien untersuchen. Wir werden sehen. Bei MS-Erkrankungen kann es auch sein, dass längerfristig die Blase ihre Muskelfunktion nicht mehr wahrnimmt und der Urin abgepumpt werden muss. Sie sollten in jedem Fall einen Urologen konsultieren und das auch mit ihrem Neurologen abklären."

Freitag, 26. September 2014

Ich sage zu Anna: „Warum bist du so wortkarg? Dich bedrückt doch etwas." Sie legt die Kuchengabel zur Seite, sieht mich an und sagt: „Jan, ich habe eine existenzielle Entscheidung getroffen. Sie wird alles verändern. Ich möchte nicht mehr leben.

Ich liege auf der Couch in panischer Angst vor diesen immer wiederkehrenden Anfällen, Schmerzen, die ich kaum aushalte, fühle mich total ermattet, meine Muskeln verkrampfen sich immer mehr, diese andauernden Kopfschmerzen. Dazu die Nebenwirkungen der Medikamente, der Hautschorf, die Blutungen unter der Haut, auch im Gesicht. Ich habe Wortfindungsprobleme und zunehmend Schwierigkeiten mich zu artikulieren. Ich ertrage keine Menschen mehr, kann nicht mehr lesen und fernsehen. Ich kann meinem Leben keinen Sinn mehr geben."

„Und wenn wir zusammen in ein Pflegeheim gehen?" „Dadurch ändert sich nichts an meinem Zustand, und ich möchte keine Dauerbeziehung mit dir als Pfleger.

Ich möchte nie in eine Situation kommen, in der ich nicht mehr selbst gewährleisten kann, dass meine Würde gewahrt bleibt. Ein rein biologisches Leben interessiert mich nicht. Der Tod ist auch eine Erlösung von der Absurdität des Lebens. Das hast du immer gesagt. Ich beziehe das jetzt auf mich. Tiger, bitte hilf mir und begleite mich. Es könnte sonst sehr hässlich werden. Ich bin seit einem Jahr Mitglied bei Dignitas. Diese Sterbehilfe-Orgaisation werde ich um Hilfe bitten."

Ich schaute Anna an, sah die Tränen in ihren Augen, bin aufgestanden, habe sie von hinten umarmt und meinen Kopf an ihren geschmiegt.

Um die Situation von Anna zu beurteilen, bat Dignitas um einen aktuellen Arztbericht über ihre Krankheit. Anna war sich nicht sicher, ob ihr Neurologe den Bericht erstellen würde, wenn sie ihm den wahren Hintergrund nannte. Anna besprach mit mir, wie sie das einfädeln könnte. Sie hatte eine Idee. „In drei Tagen habe ich einen Termin wegen des neuen Medikamentes gegen meine Spastik, Fambrya. Ich hatte darüber gelesen, und er wollte es mit mir besprechen."

Am Ende der Besprechung, nachdem der Arzt ihr versprochen hatte, das Mittel zu verschreiben, sagte Anna: „Herr Doktor, ich habe noch eine Bitte. Wir wollen unsere Wohnung behindertengerecht umbauen, vor allem das Bad. Das wird sehr teuer. Ich habe eine Lebensversicherung abgeschlossen, die aber erst ab meinem 65. Lebensjahr ausbezahlt wird. Vielleicht erlebe ich das nicht mehr. Wenn Sie mir einen Bericht über meinen Krankheitszustand schreiben, bekomme ich sie mit Abstrichen vielleicht schon früher ausbezahlt. Das würde uns sehr helfen."

Ich war über Annas Phantasie erstaunt. Bei der Heimfahrt hatte ich den Eindruck, dass sie ein bisschen in sich hinein grinste.

In der zweiten Oktoberwoche haben wir den Arztbericht weggeschickt. Der Arzt hatte die Krankheitssituation eindeutig und eindringlich beschrieben. Anna legte die drei Berichte der Reha-Kliniken noch dazu.

Ende Oktober bat Dignitas Anna um einen ausführlichen persönlichen Bericht zur Situation ihres Lebens. Er endete damit, dass sie ihr Leben nur noch als Dahinvegetieren empfand: „Ein rein biologisches Leben, dem ich keine Gestaltung und damit keinen Sinn mehr geben kann, ist für mich nicht zu ertragen. Ich habe den innigen Wunsch, dass Sie meiner Bitte auf Freitodbegleitung nachkommen. Mein Ehemann akzeptiert meine Entscheidung und wird mich nach Zürich begleiten."

Mitte November ging ein Schreiben von Dignitas ein: „Ihr Gesuch wurde an einen der Ärzte zur Prüfung weitergeleitet. Beigelegt ist ein Formular für ihre persönliche Patientenverfügung mit der Bitte dieses ausgefüllt zurückzuschicken."

Zwei Tage danach bekamen wir ein Schreiben mit dem Hinweis, die Schweizer Behörden hätten Schwierigkeiten, die anlässlich einer Freitodbegleitung verstorbenen Personen anhand des Fotos auf dem Personalausweis zu identifizieren. „Wir bitten Sie deshalb, uns ein Panoramaröntgenbild ihres Kiefers zukommen zu lassen."

Ende November: Das Provisorische Grüne Licht. Darin war die Option enthalten, einen von Dignitas benannten Arzt in der Schweiz zu einem Gespräch zu treffen. Danach wieder an den Wohnort zurückzukehren, um sich zu einem späteren Zeitpunkt für die Freitodbegleitung zu entscheiden, nach einem weiteren, vorhergehenden Arztgespräch.

Dem Schreiben war eine Vollmacht beigelegt, die so rasch wie möglich unterschrieben und zurückgesandt werden sollte: „Da wir nach geltender Rechtsordnung keine Berechtigung haben, Natrium Pentobarbital (NAP) zu beziehen, müssen wir die Vollmacht vor dem Zeitpunkt der Freitodbegleitung bei uns im Büro haben, um das NAP für Sie in der Apotheke abholen zu können."

Anna musste auch eine Erklärung unterschreiben, dass während ihres Sterbeprozesses keine medizinischen Maßnahmen getroffen werden dürfen. Per E-Mail bekamen wir noch eine Liste, welche Dokumente Dignitas noch benötigte: Geburtsurkunde, Kopie vom Personalausweis, Aufenthaltsbescheinigung, Heiratsurkunde. Die Dokumente durften nicht älter als sechs Monate sein.

Freitagnachmittagskaffee. „Anna, mache dir keine Sorgen. Ich werde mich darum kümmern. Eine Zweigstelle des Kreisverwaltungsreferates liegt ganz in der Nähe. Dort besorgen wir die Aufenthaltsbescheinigung. Alles andere haben wir hier. Das Problem ist die Röntgenaufnahme des Kiefers."
„Ich habe mir schon etwas überlegt. Auf keinen Fall gehe ich damit zu meinem Zahnarzt. Mit ihm bin ich sehr speziell und kenne ihn schon 20 Jahre. Er will genau wissen, wieso und warum. Wir könnten doch deinen Zahnarzt fragen. Du bist privat versichert, wir bezahlen cash. Ich erzähle ihm, dass ich in eine MS-Klinik in die USA reise, weil die eine erfolgversprechende Therapie anbieten. Und der Heimatschutz in den USA verlangt für alle Fälle diese Röntgenaufnahme."
„Anna, irgendwie bist du echt krass!"

Ich habe es mit meinem Zahnarzt besprochen. Es war kein Problem. Ich bin ein guter Kunde seit 40 Jahren, schon bei seinem Vorgänger.
Als wir in der Zahnarztpraxis ankamen, war mein Zahnarzt nicht anwesend, aber die Assistentinnen wussten Bescheid. Anna musste für die Aufnahme stehen. An dem Tag war sie einigermaßen stabil. Eine Assistentin und ich hielten Anna links und rechts fest, und eine andere Assistentin bediente das Röntgengerät. Den Datenträger bekamen wir gleich mit. Mein Zahnarzt hat mir diese Dienstleistung nie in Rechnung gestellt.

Anfang Dezember haben wir Dignitas alle Unterlagen und Dokumente übermittelt und die Kosten für die Aufwandsentschädigung beglichen. Mitte Dezember wurden die Termine für das erste Arztgespräch, das zweite Arztgespräch und der Termin für die Freitodbegleitung festgelegt.

Termin für das erste Arztgespräch: 26. Januar 2015. Termin für das zweite Arztgespräch und die Freitodbegleitung 5. März 2015.

Anna bestand darauf, einen Weihnachtsbaum zu besorgen, den wir gemeinsam schmücken sollten. Die kleinen, bunten elektrischen Kerzen hatte ich schon angebracht. Sie stand mit dem Rollstuhl vor dem Baum, daneben der kleine Beistelltisch mit den Schachteln voller Lametta, bunten Bändern, roter und silberner Kugeln und dem gläsernen, fragilen Engel für die Spitze des Baumes. Ich dekorierte und schmückte alles genau nach ihren Anweisungen. Am Schluss holte ich die große Leiter und schob den grazilen Glasengel vorsichtig über die Baumspitze.

An Heiligabend bereitete ich für uns ein einfaches, leichtes Gericht: Les Filets de Sole emballés sur le Grill. Gegrilltes Seezungenfilet mit Basmati- und Wildreis. Dazu einen Grauburgunder, auch wenn Anna nur noch weniger als einen Achtelliter vertrug. Nach dem Essen haben wir uns wie jedes Jahr gegenseitig beschenkt. Dafür stellte ich zusätzlich zur Beleuchtung des Weihnachtsbaumes zwei Kerzen auf den Esstisch. Anna hatte es geschafft, von mir unbemerkt, ein Buch zu besorgen. Vielleicht über ihren Bruder, der manchmal zu Besuch kam. *Der Besen im System*, der Debütroman von Davis Forster Wallace. Ich hatte ihr einmal eine Rezension aus der Süddeutschen vorgelesen, wo er als genialischer Schriftsteller bezeichnet wurde. Sie war immer so aufmerksam.

Anna entfernte das Geschenkpapier, öffnete vorsichtig die Schatulle. „Oh, Jan, du schenkst mir eine Kette. Ich glaube, du nimmst das alles gar nicht ernst." „Anna, bitte! Du hast darauf bestanden, wir feiern Weihnachten wie immer. Gefällt sie dir? Eine Weißgoldkette mit einer Tahitiperle, pfauenfedergrün. Du kannst sie heute Abend anlegen."

Wir hörten Georg Friedrich Händels *Der Messias*. Anna lag auf der Couch, die Augen geschlossen. Ich schaute sie an. *Wie schön sie immer noch ist.*

Am letzten Tag des Jahres 2014 fragte ich: „Anna, schaffst du es heute, bis Mitternacht aufzubleiben? Dann können wir die Silvesterfeuerwerke vom Balkon aus beobachten." „Dieses eine Mal noch. Ich denke schon, wenn ich am Nachmittag oder am Abend vorschlafe."

Kurz vor Mitternacht habe ich Anna im Rollstuhl auf den Balkon geschoben. Die Raketen und das Feuerwerk erleuchteten den Himmel über München. Ich dachte an die Nacht vor 25 Jahren, als wir auf der kleinen Terrasse der Windmühle in Sifnos standen und über die Dächer der Häuser hinweg in den südlichen Himmel schauten. Damals. Das Feuerwerk ließ nach, ich sah alles nur noch verschwommen, kniete mich neben Annas Rollstuhl, und wir umarmten uns.

Montag, 26. Januar

Der Termin bei dem Arzt war anberaumt für 10 Uhr. Unser Hotel lag in Pfäffikon, nicht weit entfernt von Zürich und drei Kilometer entfernt von der Praxis des Arztes. Die kleinen Orte lagen alle nahe beieinander. Wir reisten am Sonntag an, und ich hatte von München aus rechtzeitig in einem vornehmen Restaurant einen Tisch mit zwei Plätzen reserviert. Zum Glück hatten sie am Sonntag keinen Ruhetag.

Montagmorgen: Der Arzt kam uns aus dem ersten Stock entgegen, ein kleiner Mann mit längeren, grauen Haaren und einem kleinen Kugelbauch. Anna verabschiedete sich von mir, und der Arzt sagte: „Wir brauchen zwei Stunden für das Gespräch." Ich kaufte mir die Neue Zürcher Zeitung, spazierte eine Weile durch die Ortschaft und setzte mich in ein Café. Als ich gegen 12 Uhr zurückkam, bat mich die Sprechstundenhilfe, im Wartezimmer Platz zu nehmen. Das Wartezimmer war leer. Ich denke, das wurde für solche Besprechungen gesteuert. Die Türe ging auf, und der Arzt schob Anna in meine Richtung. Die beiden lachten und scherzten miteinander. Der Arzt sagte: „Ich bringe Ihnen Ihre Gattin zurück." Zu Anna gewandt: „Sie hören von mir", beugte sich zu ihr und gab ihr einen Abschiedskuss."

Anna sagte: „Ich habe Hunger, lass uns eine Kleinigkeit essen, bevor wir zurückfahren. Ich muss jetzt erst einmal ein bisschen Abstand von dem Gespräch bekommen. Ich erzähle dir alles während der Heimfahrt."

„Ich glaube, er gibt mir seine Zustimmung, und es bleibt bei dem Termin am 5. März. Er ruft mich morgen an oder schickt mir eine E-Mail. Ich habe ihm alles geschildert, er hat gut zugehört. Er hat mich gefragt, ob wir noch Sex haben. Ich habe es ihm erzählt."

Samstag, 28. Februar 2015

Unser letztes Wochenende. Wie immer tischte ich am Samstag ein besonders gutes Menü auf. Den Rhythmus der Mahlzeiten hatten wir seit unserer Berufstätigkeit beibehalten. Warmes Essen am Abend. Von Montag bis Freitag ein einfaches Mahl: Pellkartoffeln mit Quark, Ratatouille, Risotto oder Ähnliches. Vor allem viel Gemüse und wenig Fleisch. Jeden Samstag fuhr ich nach dem Frühstück zum Viktualienmarkt und kaufte frisch ein.

Für diesen Samstag hatte ich mir ausgedacht: Ein kleines Spargelcremesüppchen von Lacroix, Saibling auf Fenchelgemüse mit Biokartoffeln und als Nachtisch flambierte Bananen mit Mövenpick Eis der Sorte Schwarzwälder Kirsch. Dazu einen gekühlten deutschen Riesling.

Den Fisch kaufte ich wie immer, bei Fisch Witte, eine Münchner Institution. Bei schönem Wetter standen die Damen und Herren der Münchner feinen Gesellschaft im Freien an den Stehtischen, schlürften ihre Fischsuppe und tranken kalten Weißwein.

Ein Saibling, mittelgroß, wurde frisch aus dem Bassin geangelt und vor meinen Augen mit einem Holzklöppel totgeschlagen.

Ich hatte alles vorbereitet, den Esstisch mit einer weißen Leinentischdecke überzogen, eingedeckt mit dem schönen Geschirr, designt von Paloma Picasso. Den Kerzenständer platzierte ich in der Mitte des Tisches, und die Stoffservietten in den Silberringen legte ich links neben die Bestecksgabel. Dazu zwei Gläser, eines für das stille Wasser und eines für den Weißwein.

Wein vertrug Anna schon lange nicht mehr. Aber heute machte sie eine Ausnahme. Ein halbes Gläschen wollte sie sich gönnen. Wir stießen an, und Anna sagte: „Das ist jetzt sozusagen meine Henkersmahlzeit."

Für den Abend hatte ich eine DVD ausgesucht: *Eine Komödie im Mai* von Louis Malle. Eine wunderbare, warmherzige Komödie mit Michel Piccoli. Wir liebten französische Filme, vor allem von Louis Malle und Eric Rohmer.

Später, ohne dich, konnte ich fast ein Jahr lang keine französischen Filme mehr ansehen. Zu sehr fürchtete ich die melancholische Verzweiflung, die mich anheim suchen könnte.

Du hast deinen Kopf zu mir hingewendet und gefragt: „Jan, weinst du?" Ich konnte dem Film schon eine Weile nicht mehr folgen, weil mir immer mehr ins Bewusstsein drang, dass dies unser letzter gemeinsamer Filmabend sein würde. Du lagst auf der Couch neben mir, wie schon seit vielen Jahren. Du hast deine Hand nach mir ausgestreckt. Ich bin aufgestanden, habe mich vor die Couch gekniet, meinen Kopf mit der Wange auf deinen Bauch gelegt, dich angesehen und gesagt: „Ich bin mir nicht sicher, ob ich ohne dich leben kann"

Am Sonntagmorgen haben wir gefrühstückt wie immer. Zuerst Zähneputzen und Katzenwäsche, dann haben wir im Morgenmantel einen kleinen Obstsalat gegessen und einen Espresso getrunken. Bevor ich dir danach bei der Toilette im Bad geholfen habe, habe ich dir noch am Esstisch den Nacken massiert, du hast dabei deinen Kopf seitlich nach hinten gestreckt, und ich habe gesagt: „Ab jetzt werde ich nur noch funktionieren." „Jan, du tickst wie ein Uhrwerk. Das fand ich immer faszinierend, es hat mir manchmal aber auch Angst gemacht."

Ich kann mich nicht mehr genau erinnern, wie wir den Montag und den Dienstag verbracht haben. Erinnern kann ich mich daran, dass du mir am Montag erklärt hast, wie die Waschmaschine funktioniert. Es war dir immer wichtig, dich noch irgendwie nützlich zu machen. Die Waschmaschine bot sich an, weil du sie auf Rollstuhlhöhe befüllen konntest.

Dienstagnachmittag klingelte das Telefon. Die Tür zum Wohnzimmer stand offen, und ich hörte mit. Dein Bruder war am anderen Ende der Leitung. Er hat uns in unregelmäßigen Abständen besucht, und es ging wohl um einen angekündigten Besuch für die nächste Woche, an welchem Tag, um welche Uhrzeit und was für einen Kuchen er mitbringen sollte. Als das Gespräch beendet war, ging ich zu dir ins Wohnzimmer und fand dich in einer völlig entspannten Verfassung.

Am Mittwochvormittag haben wir in aller Ruhe die Koffer fertig gepackt, bevor wir in die Schweiz fuhren. Beim nächsten Briefkasten in unserem Viertel habe ich kurz angehalten und die zwölf Abschiedsbriefe eingeworfen, die du an deine besten Freundinnen und Freunde geschrieben hattest. Darunter war der Brief an deinen Bruder. Auf der Fahrt in die Schweiz hast du mir akribisch erläutert, worauf ich bei unserer Geldanlage achten müsse. Du hast das immer autonom erledigt. Es hat mich nicht interessiert. Die Anlagenberaterin kannte mich gar nicht.

Mittwoch, 4. März 2015

Pfäffikon, eine kleine Ortschaft nahe Zürich. Das Navi zeigte: noch acht Kilometer. „Wir sind gut in der Zeit, du kannst dich noch ausruhen, bevor wir heute Abend zum Essen gehen. Ich habe für 19 Uhr zwei Plätze reserviert."

Wie sich alles glich. Anna wollte wieder dasselbe Zimmer im vierten Stock, barrierefrei und mit Parkettboden. Vor allem wegen des großen Bades, in dem sie beim Duschen sitzen konnte. Die Einrichtung: sehr puristisch, neben dem französischen Doppelbett ein Blechschrank mit einer Schiebetür, ein langgezogener Arbeitstisch mit einem Stuhl und einem Hocker, alles mit Holz furniert. Über dem Arbeitstisch an der Wand ein kleiner Fernseher. Die Fenster reichten bis zum Boden, gaben dem Raum Licht und einen weiten Ausblick auf das Gewerbegebiet, an dessen Rand das Hotel stand.

Die Fahrt dauerte nur zehn Minuten bis zum Nachbarort. Ich lenkte den Wagen auf den Behindertenparkplatz neben dem Hoteleingang.
Die Empfangsdame sah den Rollstuhl und lächelte uns zu. „Wie schön, dass Sie uns wieder beehren, ich leite Sie zu ihrem Tisch". Annas Jacke und meinen Mantel nahm sie für die Garderobe entgegen. Ich half Anna beim Umsetzen, klappte den Rollstuhl zusammen und stellte ihn neben die Garderobe, dicht an die Wand, wo er niemandem im Weg stand.
Ich senkte die Speisekarte und sagte zu Anna: „An den Preisen hat sich nicht viel geändert die letzten sechs Wochen." Anna hob die Augenbrauen. „Ja, billig ist etwas anderes, aber die Hauptsache, es schmeckt so gut wie beim letzten Mal. Ich habe mich schon entschieden, eine Vorspeise ist mir zu viel, ich beschränke mich auf das vegetarische Gericht. Würziger Steinpilz-Risotto mit zart schmelzendem Mascarpone. Dessert entscheide ich später. Dazu ein stilles Wasser, wir können eine große Flasche für uns beide bestellen, Wein vertrage ich nicht mehr. Weißt du schon, was du möchtest?"

„Vorspeise weiß ich noch nicht genau, aber als Hauptspeise Filet von atlantischer Seezunge auf süß-saurem Kürbis. Dazu ein Glas Weißwein, da verlasse ich mich auf eine Empfehlung der Bedienung."

Ich schaute nach der Bedienung und stellte fest, dass das Restaurant schon gut besucht war. Die Tische hatten zum Glück genügend Abstand, um sich ungestört unterhalten zu können. Die Akustik wirkte angenehm gedämpft.

Nach dem Hauptgang wischte sich Anna mit der Textilserviette den Mund ab und nahm die Dessertkarte zur Hand. „Ich hätte noch Lust auf einen Feigensalat mit Süßmost-Creme und Preiselbeer-Sauerrahm-Glacé". „Schließe mich an und noch zwei Espresso, wie immer."

„Es schmeckte ja wieder vorzüglich, bestelle bitte gleich das Dessert." Sie hob ihre rechte Hand leicht von der Tischkante, streckte ihren Zeigefinger in meine Richtung. „Lass uns bitte gleich nach dem Dessert zurückfahren, heute kommt um 22 Uhr noch ein Film im Fernsehen mit Juliette Binoche. Den möchte ich gerne ansehen".

Wir machten uns bettfertig, und ich half Anna vom Rollstuhl ins Bett, deckte sie zu und legte mein Kopfkissen zusätzlich unter ihren Kopf, damit sie einen besseren Blickwinkel zu dem Fernseher hatte. Für mich war es komfortabler, aufrecht im Bett zu sitzen und mich an die Rückwand zu lehnen. Die Fernbedienung lag in Reichweite vor mir auf der Decke. Schweigend schauten wir den 90-minütigen Film an.

Ich konnte lange nicht einschlafen und spürte die Unruhe, die von Anna ausging. Sie lag auf dem Rücken, und es schien mir, als ob sie am ganzen Körper zitterte. „Ich glaube, es geht wieder los, hole mir bitte ein Glas Wasser, ich muss die Morphiumtabletten schlucken, sie liegen auf dem Nachtisch schon bereit." Ich half ihr sich aufzurichten, reichte ihr die Tabletten und führte das Glas zu ihrem Mund.

Es gelang, die Schmerzanfälle zu unterbinden. Die Unruhe blieb. Sie sagte: „Hoffentlich geht die Nacht schnell vorbei." In dem Moment wusste ich, dass die Entscheidung gefallen war.

Nur mit Mühe konnte ich den Impuls unterdrücken, Anna zu umarmen, zu streicheln, zu küssen. Aber ich wusste, auf keinen Fall Hautkontakt. Sie hätte geschrien vor Schmerz.

Ihre Unruhe übertrug sich auf mich, meine Nacht bestand aus Halbschlaf, Wachzustand und Halluzinationen. Zwischenzeitlich schreckte ich hoch, schaute nach ihr und war beruhigt, dass sie schlief, ruhig und regelmäßig atmete.

Donnerstag, 5. März 2015

Der Wecker klingelte und riss mich aus dem Tiefschlaf. Ich schreckte auf und klappte von der Matratze hoch wie ein Springmesser. Der Wecker zeigte 6 Uhr. Ich drehte meinen Kopf zu Anna. „Bleib noch liegen, ich mache mich fertig."

Für 7 Uhr hatte sich der Arzt angekündigt. Dignitas wollte sicherstellen, dass es auch noch kurz vor dem Termin für ihren Freitod bei dem Entschluss bleibt.

Nachdem ich im Bad fertig war und mich angezogen hatte, half ich Anna aus dem Bett und bei ihrer kurzen Morgentoilette. 6 Uhr 50. Wir warteten auf den Arzt. Anna im Rollstuhl, zugedeckt mit der Bettdecke, ich saß neben ihr auf dem Bettrand. Es klopfte, ich öffnete die Zimmertür, bat den Arzt herein und bot ihm den Stuhl mit der Lehne an.

„Bleibt es bei Ihrem Entschluss?" „Ja, ich bin fest entschlossen."

Anna saß angezogen im Rollstuhl an dem Arbeitstisch, vor sich den runden Toilettenspiegel und schminkte sich im Schein der Tischlampe. Ich lag halb aufrecht auf dem Bett und schaute ihr zu.

„Wenn mich jetzt einer sieht, wie ich mich schminke, der denkt ja auch nicht, dass ich in ein paar Stunden nicht mehr lebe." Sie schaute dabei nicht auf und schminkte sich fertig.

Im Erdgeschoss befand sich eine Bäckerei mit angeschlossenem Café. Dort nahmen die Hotelgäste an markierten Plätzen ihr Frühstück ein. Wir waren ein eingespieltes Paar. Bevor wir uns zwei Plätze aussuchten, schob ich Anna im Rollstuhl am Buffet entlang und nahm ihre Frühstückwünsche entgegen. Das Café war gut besucht mit auffallend vielen Müttern und ihren Kindern. „Die Kinder sind in einem Alter, in dem sie werktags im Kindergarten oder der Schule sein sollten, finde ich." „Stimmt", antwortete Anna. „Vor allem sind sie für ihr Alter viel zu dick und sollten nicht so viele Croissants essen, sondern Bircher Müsli und Obst, so wie ich." Ich lachte kurz auf, schaute sie über den Tisch hinweg an und dachte: *In drei Stunden bist du nicht mehr da.*

„Anna, am besten, du bleibst hier sitzen und trinkst in Ruhe deinen Milchkaffee. Ich gehe hoch ins Zimmer, bringe die Koffer ins Auto und bezahle. Auschecken erledige ich später."

10 Uhr 15. Wir hatten noch 45 Minuten Zeit. Wir lagen nebeneinander auf dem französischen Bett und fassten uns zaghaft seitlich an der Hand. Nach ein paar Minuten lösten wir die körperliche Verbindung. Sie war nicht auszuhalten. Loslassen.

Anna bewegte sich zu mir hin und sagte: „Lass uns an die frische Luft gehen."

Das blaue Haus von Dignitas stand keine 400 Meter vom Hotel entfernt in einer Reihe von mehreren Häusern. Vor diesen Häusern verlief eine schmale asphaltierte Straße, die am Ende nicht weiterführte. Eine Sackgasse. Die andere Straßenseite war unbebaut, und wir schauten auf ein riesiges Wiesengrundstück. Der Himmel war hellblau, die Sonne schien und ich dachte: *wie im Frühling.*

Noch 15 Minuten. Schweigend schob ich Anna im Rollstuhl ein paar Mal auf und ab.

„Meinst du, die haben eine behindertengerechte Toilette?"
„Nachdem die nicht einmal dein Neurologe hatte, bin ich mir da nicht sicher."

Ich klingelte. Kurz darauf öffnete sich die Haustür, und zwei Frauen baten uns herein. Sie waren uns als Sterbehelferinnen angekündigt worden. Wir stellten uns gegenseitig vor, legten unsere Mäntel in dem Garderoberaum ab, und die beiden führten uns durch einen großen Raum in ein Nebenzimmer.

„Bitte haben Sie Verständnis dafür, dass wir erst einmal die Formalitäten erledigen müssen. Wir brauchen verschiedene Unterschriften von Ihnen bezüglich Aufhebung der Schweigepflicht und eine Vollmacht, dass wir alles Weitere in die Wege leiten dürfen."

Danach haben sie uns das weitere Verfahren erläutert.

„Anna, Sie bekommen zunächst Tropfen zu Ihrer Beruhigung und für den Magen, damit Sie sich nicht erbrechen. Die Wirkung tritt nach circa 30 Minuten ein. Dann gehen wir alle zurück in den großen Raum. Sie setzen sich auf das bereitgestellte Bett, und es wird Ihnen das Betäubungsmittel Natrium-Pentobarbital zur oralen Einnahme gereicht. In einer tödlichen Dosis.

Wir beide und Ihr Ehemann nehmen dabei genügend Abstand, damit garantiert ist, dass Sie es völlig selbstständig ohne Hilfe eingenommen haben."

Während der noch verbleibenden halben Stunde erläutert Anna den beiden Frauen ganz freimütig, warum sie nicht mehr leben will, obwohl sie für Außenstehende optisch noch einen stabilen Eindruck macht. Ich spüre einen Kloß im Hals, bringe keinen Ton mehr heraus und kämpfe mit größter Willensanstrengung gegen meine Tränen.

Wir gehen zurück in das große Zimmer.

Ich hebe Anna aus dem Rollstuhl und setze sie auf das Bett, platziere zwei große, feste Kissen links und rechts an ihren Körper, um sie stabil zu halten. Eine der beiden Frauen bringt in einem kleinen Becher das Betäubungsmittel und überreicht es Anna.

„Sind sie bereit?" Anna nickt.

Wir treten alle zwei Meter zurück. Anna blickt auf das Gefäß. Ich schaue auf ihre Hand, in der sie den Becher hält und kann nicht das geringste Anzeichen von Zittern erkennen. Sie führt ihre Hand zum Mund, trinkt den Becher mit einem Schluck aus und stellt ihn auf das Tischchen neben dem Bett.

Ich eile zu ihr, greife unter ihre Kniekehlen, mit der anderen, flachen Hand unter ihren Rücken und lege sie auf das Bett. Halb beuge ich mich über sie und schmiege meine Wange an ihre. Sie flüstert mir gut verständlich etwas ins Ohr. Ich höre nur noch ihren Atem, ganz ruhig. Ihr Mund ist leicht geöffnet.

Die Sterbehelferinnen hatten uns vorbereitet. Es dauert zwei bis drei Minuten bis zur Bewusstlosigkeit und etwa zwanzig Minuten bis zum Eintritt des Todes.

Die beiden Frauen haben sich zurückgezogen. Allein mit dir, die letzten Augenblicke, in diesem großen, fremden Zimmer, an einem fremden Ort, in einem fremden Land. Deine linke Hand, gerade ausgestreckt auf der Matratze. Die rechte, noch gesunde, flach auf deinem Bauch. Und dein Atem, ganz gleichmäßig, leise. Die Augen geschlossen und dein Mund leicht geöffnet. Du Schöne, du Zarte, du Liebe. Deine Wangen fallen nach innen, zerbrechlich wirst du, immer kleiner, blassgelb wie eine Wachspuppe.

Ich höre deinen Atem nicht mehr, alles ist ganz still und unbewegt. Eine Weile, noch eine Weile, noch eine Weile, noch zehn Minuten. Ich streichle dich, ich küsse deine Wangen und deine Stirn.

Ich hole die Sterbehelferinnen aus dem Nebenzimmer, um mich zu verabschieden. Sie sagen: „Es geht jetzt alles seinen Gang und vielen Dank für den Rollstuhl und die Kleidung Ihrer Frau. Wir können alle Spenden gut gebrauchen."

Eilenden Schrittes erreiche ich den Parkplatz am Hotel. Ich habe alles vorbereitet. Eine Flasche Mineralwasser und zwei CDs mit Heavy Metal. Black Sabbath: *Damaged Soul* und Motörhead: *Overkill*. Getankt habe ich am Vortag. Super Plus, damit das Auto fünf Kilometer schneller fährt.

Die erste Ampel. Rot. Bitte: *grün, grün, grün*. Stillstand. Ich halte das nicht aus. Endlich auf der Autobahn. Begrenzte Geschwindigkeit. Ich starre auf den Tacho. In der Schweiz bekommt man lebenslänglich bei überhöhter Geschwindigkeit, glaube ich. Ich drehe die Musik auf.

Deutschland. Mein linkes Bein presst sich in das Bodenblech, das rechte in das Gaspedal. Lichthupe, immer links. Niemand überholt mich.

Zu Hause. Ich stelle die großen Koffer im Esszimmer ab. Der eine ist bepackt, der andere leer. Der kleine Kosmetikkoffer. Ich stelle ihn auf den Tisch. Daneben liegt ein Kuvert. Ihr Abschiedsbrief.

19

Ich schaue auf das Bild über der leeren Couch. Das erste Kunstwerk unserer Sammlung. Skarabäus. Im alten Ägypten galt er als Glückskäfer, ein Symbol der Schöpfung. Auf dem Bild sieht man einen teils naturgetreuen, teils verfremdeten Skarabäus auf weißem Grund, gemalt in brauner und schwarzer Farbe. Die Beinchen zerfließen hinein in das Weiß. An anderer Stelle schimmert es durch den Körper. Unregelmäßig über dem Bild verteilt treten aus dem Hintergrund schwarze Schriftzeichen und Noten hervor. Klein und groß, kräftig und unscheinbar. Es symbolisiert die Verbindung von Natur und Kunst. Anna liebte dieses Bild.

Vor einer Stunde, nach zwei Tagen, habe ich Annas Abschiedsbrief geöffnet. Sie hat mir vergeben. Dafür hat sie diesen Brief geschrieben.

Es ist schon spät abends. Ich habe den Brief vor mir auf den Tisch abgelegt. Es drängt mich, mit jemandem zu reden. Bedingungslos. Über was? Ich weiß nicht, was ich sagen möchte. Es soll nur jemand da sein. Mir fällt niemand ein. Ich gehe in mein Arbeitszimmer und hole mein Adressbuch, blättere Seite für Seite durch. Viele Namen und doch niemand.

Ich musste in die Kleinstadt in den Norden Bayerns. Dort hat Anna ihre Jugend verbracht bis zum Ende der Schulzeit. Dann zog sie fort, um zu studieren. Dort liegt das Urnengrab ihrer Eltern und auch das ihres älteren Bruders. Es war ihr Wunsch, in einem Urnengrab neben ihrer Mutter beerdigt zu werden. Einen Termin bei dem Bestattungsinstitut hatte ich schon vereinbart. Annas jüngerer Bruder hat sich auf ihren Abschiedsbrief nicht gemeldet. Ich rief ihn vor meiner Reise an.

Er sagte: „Ich verstehe es nicht!" „Stephan, ich fahre morgen zu dem Bestattungsinstitut, um die Beerdigung zu organisieren. Auf dem Rückweg komme ich vorbei. Dann können wir reden. Ich melde mich von unterwegs."

Der Mitarbeiter von dem Institut, ein junger, empathischer Mann, erzählte mir von den Telefonaten mit Anna, wie sie freimütig von ihrem geplanten Freitod erzählte und alles mit ihm regelte. Ihr Grab stand schon bereit.

Ich sagte ihm: „Bei der Inschrift auf der Grabplatte muss noch genügend Platz frei bleiben für meinen Namen, das Geburts- und Sterbedatum. Es ist unser gemeinsames Grab. Für die Trauerfeier hat meine Frau zwei Musikstücke ausgewählt. Für den Anfang: Eric Claptons *Tears in Heaven* und für den Schluss Ludwig Hirschs *Komm, großer schwarzer Vogel*. Es wäre mir am liebsten, wenn Sie eine CD herstellen lassen. Bitte vermitteln Sie mir eine professionelle Rednerin oder Redner für die Trauerrede. Wegen dem Termin für die Beerdigung müssen wir warten, bis die Urne aus Zürich kommt."

Auf dem Rückweg fuhr ich bei deinem jüngeren Bruder vorbei. Wir haben lange geredet. Er hat ein Problem damit, dass du nicht mit ihm gesprochen hast.

Zu Hause in der Post lagen die Todesurkunden samt einem Fragebogen von Dignitas, wo ich ankreuzen sollte, ob ich mit ihren Dienstleistungen zufrieden war. Auch von der Caritas war ein Schreiben dabei. Für das Wohnprojekt mit Behinderten und Nichtbehinderten haben sie uns auf die Warteliste gesetzt.

Ich wollte, dass die Trauerrede genauso gehalten wurde, wie ich sie aufgesetzt hatte, ohne religiöse und bürgerliche Klischees. Ganz im existentiellen Sinne war mir wichtig, deine Persönlichkeit und den Charakter unserer Beziehung hervorzuheben.

Ich saß vor einem weißen Blatt Papier und überlegte, wo ich anfangen sollte. Ich nahm einen schwarzen, dicken Filzstift und schrieb auf:

„Straight und cool. Sie war meine große Liebe. Mein Leben."

Auf den Punkt gebracht. Mehr brauchte ich eigentlich nicht zu sagen. Bei der Übersetzung ins Deutsche fiel mir ein für „straight": geradlinig und klar. Für „cool" fand ich keine passende Übersetzung.

Von unserer Liebe wollte ich erzählen. Von unserem Gleichklang, das gleiche Gefühl für Ästhetik, unser Zugang zur Kunst. Ein Wunder, wir hatten so unterschiedliche Quellen. Dieselben Menschen waren uns sympathisch. Diese Vertrautheit, es reichte, wenn wir uns an der Hand fassten. Du warst mir so wohlgesonnen und gabst mir ein Stück meines verlorenen Urvertrauens zurück. Dein Freitod. Vielleicht ein Geschenk zu einem befreiten Leben?

Wir hatten Momente wie im Paradies. Wenn wir dem beruflichen Alltag entflohen waren und uns 24 Stunden hatten. Wir waren eins.

Ich brauchte 90 Minuten, um die Trauerrede aufzusetzen. Wie ich sie aufgeschrieben habe musste sie gehalten werden. Genau so!

Die Beerdigung fand, wie von Anna gewünscht, in einem kleinen Rahmen statt: Annas jüngerer Bruder mit Frau und Tochter und ihre Nichte, die Tochter des älteren Bruders.

Nach der Rednerin wollte ich etwas sagen, über mein Alleinsein, bevor ich Anna kennenlernte und mein zukünftiges Alleinsein. Dazwischen 25 Jahre. Allein dadurch hat sich mein Leben gelohnt. Und über die Heimat, die ich im Gegensatz zu ihr nie hatte.

Darüber wollte ich reden, kam aber nicht über den ersten Satz hinaus. Meine Stimme versagte.

Nach der Zeremonie in der kleinen Aussegnungshalle liefen wir mit der Trauerrednerin zum offenen Grab. Dort befinden sich mehrere städtische Urnengräber, angeordnet in einem viereckigen, aufgehäuften, bepflanzten Erdreich. Das Erdreich, ist umrandet von einer ein Meter hohen Mauer, an der vorne die Grabplatten mit den Namen der Verstorbenen angebracht sind. An jeder der vier Seitenmauern befinden sich hintereinander fünf Grabplatten. Die Grabplatte von Annas Eltern und ihrem älteren Bruder ist die letzte an einer Mauerseite. Ums Eck Annas Grabplatte, die erste der nächsten Mauerseite. An der Stelle war eine Mulde im Erdreich. Nachdem die Urne in das Grab gesenkt worden war, haben sich alle umarmt. Annas Familie. Mich hat niemand umarmt. Ich gehörte nicht mehr dazu.

Abends, wenn ich mit dem Kochen fast fertig war, habe ich gerufen: „Anna, es ist gleich soweit, mach dich bereit, in fünf Minuten hole ich dich ab." Die Erinnerung daran hat mich so angefasst, dass ich für mich alleine nicht mehr kochen konnte.

Samstags, wenn ich keine Lust hatte, unser besonderes Menü zuzubereiten, gingen wir zu unserem Italiener. La Locanda. Das Restaurant liegt in der Nähe und ist zu Fuß erreichbar. Wir wurden Stammgäste und reservierten immer denselben Tisch. Ich hatte eine Ahnung, was passieren könnte, habe aber wieder denselben Tisch reserviert, etwas abseits am Fenster, mit einem guten Blick auf die Gäste.

Der Ober kam und fragte nach der Signora. Ich sagte: „Die Signora lebt nicht mehr!" Der Ober drehte sich um, eilte in die Küche und kam mit dem Koch und der Küchenhelferin zurück. Der Chef bemerkte den Auflauf und eilte herbei. Der Koch fragte: „Wegen ihrer Krankheit?" „Ja, wegen ihrer Krankheit."

Ich hatte es geahnt und war gerührt von der Bertoffenheit und Empathie der vier italienischen Gastronomen. Ab jetzt konnte ich wieder entspannt zum Essen kommen, immer noch denselben Tisch reservieren, aber nur für eine Person.

In unserer Wohnung habe ich nie mehr gekocht. In dem großen Ehebett kam ich mir so klein und einsam vor. Die letzten zwei Jahre sind wir nicht mehr ins Kino gegangen, und ich habe DVDs besorgt, nicht nur, aber alle Filme von Éric Rohmer und Louis Malle, Musik und Hörbücher haben wir uns zusammen angehört. Alles hier im kleinen, gemütlichen Wohnzimmer mit der Bücherwand. Dort konnte ich nicht mehr lange verweilen, die leere Couch vor mir.

Ein Ritual behielt ich bei: Den Freitagnachmittagskaffee um 15 Uhr. Zu besprechen gab es nichts mehr. Ich hole ein Teilchen vom Biobäcker und manchmal, wenn ich in der Küche meinen Espresso aufsetzte, rief ich durch die Durchreiche: „Mein Schatz, möchtest du auch einen Espresso, oder soll ich dir einen Kaffee aufbrühen?"

Wie groß unser Esstisch wirkte, wenn ich alleine dasaß, am einen Ende der längeren Seite. Du hast immer ums Eck an der Kopfseite gesessen mit Blick zu den Fenstern.

Die letzten gemeinsamen Jahre befanden wir uns in einem Kokon des Schicksals, und die Außenwelt spielte keine Rolle. Dadurch habe ich viele Freundschaften vernachlässigt. Ich saß in meinem Arbeitszimmer und blätterte die Adressbücher der vergangenen Jahre durch. Die Angewohnheit, Adressbücher jahrzehntelang aufzubewahren, kam mir dabei zupass. Vor allen Dingen die Verbindung zu Dominik wollte ich wiederherstellen. Dominik. Der einzige, den ich vielleicht angerufen hätte. Der Kontakt war abgerissen. Die Daten nicht mehr aktuell. Aber ich fand die Adresse und Telefonnummer seiner Exfrau.

Überhaupt verbrachte ich die meiste Zeit in meinem Arbeitszimmer. Alle Einrichtungen mussten informiert werden, die Rentenversicherung, die Krankenkasse, die Johanniter, die Physio- und Ergotherapeutin. Von niemandem kam irgendeine Art von Beileidsbekundung. Noch nicht einmal von dem Sanitätshaus, das Tausende von Euros durch uns verdient hatte. Dieselbe Erfahrung hatte ich schon bei Hildegard gemacht. Damals kam nur von der Kirchengemeinde eine Mitteilung, dass sie noch Kirchensteuer nachzahlen müsse.

Irgendwann hatte ich alles erledigt und war tatenlos der befremdlich wirkenden Atmosphäre der Wohnung ausgeliefert. Ich musste umziehen. Der Gedanke war in der Welt und bekam Triebe. Warum nicht radikaler. Etwas wagen. Brücken sprengen. Rituale beenden. Neu gestalten.

Das alternative, atheistische Berlin mit seiner experimentellen Kunst- und Kulturszene fand ich sympathisch. Immer schon. Sympathischer als das barocke, katholische München mit seiner Entwicklung zu seinem arroganten Neureichtum. Nur Berlin kam für mich in Frage. New York habe ich mir nicht mehr zugetraut.

Der Mann von der Umzugsfirma hat alles besichtigt. Ich sagte ihm: „Die Kunstwerke müssen gut verpackt werden. Die Skulpturen in eigene gepolsterte Kisten. Die Bilder am besten mit Luftpolster umrahmen." Außer dem großen Esstisch und dem wertvollen Vollholz-Kleiderschrank hatte ich alles verkauft. Ein Verlustgeschäft, wie mir später alle bestätigten. Die Leute zahlen nichts für gebrauchte Möbel. Es war mir egal. Zu Transportieren gab es noch genug. Außer den Kunstwerken, Bücher, Musikanlage, Geschirr, Waschmaschine.

In zwei Tagen kommt der Möbelwagen. Auf Carmens Webseite habe ich nachgesehen: Tamara hat diese Woche Dienst. Ich will mich von ihr verabschieden. Um zu dem Bordell zu kommen, fahre ich durch die halbe Stadt. Der Berufsverkehr fängt erst an und hat noch nicht seine größte Dichte erreicht. Ich habe immer den Termin am Anfang der Öffnungszeiten gebucht, weil ich um diese Zeit ins Fitnessstudio gegangen bin und die Mädchen an diesem Tag noch unberührt waren. Den Weg kenne ich inzwischen auswendig, jede Kreuzung, jeden Tunnel, die großen Hotels. Ich weiß genau, wann ich auf die mittlere Spur wechseln muss, weil nach der nächsten Kreuzung die linke Spur zum Linksabbieger wird. In dem Gewerbegebiet gibt es so früh am Morgen nur eine Möglichkeit, die Zeit zu überbrücken: McDonald's. Das wollte ich noch ein letztes Mal.

Ich biege ein auf den Parkplatz. Ein Schwarzer säubert die Anlagen. Wenige Autos stehen herum: ein paar Kleinwagen, drei große schwarze Limousinen, zwei Geländewagen, ein Mannschaftswagen der Bundespolizei und der Werkstattwagen eines Installateurs namens „Rohr-Schmitz". Die beiden Handwerker im Blaumann und die Beamten der Bundespolizei essen Hamburger. Im Nebenraum gibt es einen guten Espresso. Ich bestelle Milchkaffee. Für Espresso bin ich zu nervös. Ein paar Leute sitzen vor Laptops: Füllige Frauen in zu engen Hosenanzügen, Männer in Nadelstreifenanzügen mit zu großen Krawattenknoten. Die Männer erklären irgendetwas, tippen in die Tastatur, zeigen auf den Bildschirm. Wie schon früher kommt ein Typ herein geschlurft, mit Pferdeschwanz und einem großen Hund. Ich frage mich, ob der jeden Tag kommt. Jugendliche sieht man um diese Zeit keine.

Außer mir sind alle auf dem Sprung zur Arbeit. Es sieht nicht so, aus als ob sonst noch jemand ins Bordell wollte. Zehn Minuten noch, Zeit zu gehen.

Tamara kommt ins Zimmer. Ich stehe auf. „Tamara, du brauchst dich heute nicht abzuschminken. Es gibt keinen Sex. Ich bin gekommen, um mich von dir zu verabschieden. Anna ist gestorben." Tamara umarmt mich und sagt: „Ihre Krankheit? Du hast immer so liebevoll von ihr geredet. Es tut mir so leid." „Ich habe Croissants und Coffee to go mitgebracht." Wir setzen uns an den Couchtisch. „Ich ziehe nach Berlin."

„Ich höre hier auch auf zu arbeiten. Du weißt ja, dass ich eine Ausbildung zur Physiotherapeutin gemacht habe. Ich eröffne eine Praxis auf einer Insel in der Nordsee. Dort machte ich oft Urlaub in einer Ferienwohnung, wenn ich mich erholen wollte. Weit weg von meinen Etablissements, damit mich niemand erkennt." „Tamara, wir kennen uns einige Jahre. Ich danke dir. Du warst sehr wichtig für mich."

„Du bist ein Schatz, immer höflich und zuvorkommend." „Tamara, ich wollte dich schon immer fragen, ob du religiös bist, wegen dem Kreuz an deiner Halskette." „Oh, du meinst, ob ich einen Herrn brauche? Ich habe doch schon so viele Herren!"

Zum Abschied überreiche ich Tamara ihr Lieblingsparfum und eine große Schachtel Pralinen. Sie gibt mir drei Küsse. Ich sage: „Besuche mich in Berlin, ich würde dich gerne zu einem Klassikkonzert einladen."

Nachdem Tamara gegangen ist, kommt Carmen, die Hausdame, ins Zimmer. „Tamara hat es mir erzählt. Es tut mir leid für dich und für mich auch, so einen lieben Gast wie dich haben wir nicht oft." Ich übergebe ihr meine Papiertasche mit einer Vinylplatte von Davis Bowie. Sie ist ein Fan. „Das ist total lieb von dir, vielen Dank. Wie gesagt, schade. Aber, falls du wieder einmal nach München kommst, unsere Adresse hast du ja."

Ich fuhr nicht gleich los, verweilte noch eine Zeitlang auf dem Parkplatz. Ein Gefühl, eine Empfindung wie seinerzeit bei der Rückreise von Indien, auf dem Flugplatz von Taipeh. Sophie, das kleine chinesische Barmädchen, legte mir mit Tränen in den Augen Blumengirlanden um den Hals. Getroffen hatten wir uns um Mitternacht in einer Bar. Ich wollte nur ein Glas Bier vor dem Schlafengehen. Mein Hotel stand nebenan. Sie hat mich hinter dem Tresen angelächelt, bis ihre Augen weit und starr wurden, als mir ein amerikanischer GI von der Seite sein Messer an den Hals hielt. Drei andere GIs rissen ihn weg. Ein Kriegsschiff der US Navy hatte im Hafen angelegt. Sophie sagte: „Better you go now. He is jealous. If you want to meet me, 3 am we close. Come to the backdoor, round the corner." Im Hotel sagte Sophie: „You don't move, I will teach you." Ich blieb drei Wochen. Geplant hatte ich für Taiwan drei Tage. Es war wunderbar. Ich war damals 23 Jahre alt und schätzte sie auf 20 Jahre. Ich denke oft an sie.

Vor dem Umzug bin ich nach Berlin gereist, in mein kleines Ferienapartment. Am Mehringdamm, ganz in der Nähe der Bergmannstraße. Die vergangenen Jahre logierte ich immer dort. Ich habe es geliebt. Ein großes, helles Zimmer in einem Altbau im vierten Stock, mit einer Nische als Schlafkoje, einer kleinen Küche und einem kleinen Balkon. Mehr braucht man eigentlich nicht.

Um 10 Uhr zum Frühstück war ich verabredet mit Gabriel und Laura, zwei ehemaligen Arbeitskollegen. Wir hatten in den Gremien auf Bundesebene zusammengearbeitet. Gabriel, ein Urberliner, war historisch sehr gebildet. In Berlin kannte er jeden Stein. Er wollte nach dem Frühstück mit mir die Stadt erkunden. Zwei Tage hatten wir uns vorgenommen, um herauszufinden, wo es mir am besten gefiel. Ausschlaggebend war dann eine Immobilienanzeige für eine Wohnung in Berlin-Mitte, die ich mit meinem Tablet gefunden hatte.

Neben der Wohnung – drei Zimmer, Neubau, im siebten Stock, zwei Balkone, mit Blick über die Silhouette der Stadt – gefiel mir vor allem die Lage. In der Nähe des Springerhochhauses und in 600 Metern Entfernung zum Checkpoint Charlie. Die Museumsinsel, andere Museen, Theater wie das Berliner Ensemble oder das Gorki-Theater zu Fuß oder schneller mit dem Fahrrad erreichbar. Ganz nah die U-Bahnstation Kochstraße.

Nach und nach trudelten die Möbel ein. August. Die italienischen Möbelfabriken hatten geschlossen. Ferienzeit. Ich hatte mich für italienisches Design entschieden. Froh war ich über das gelieferte Bett, um endlich nicht mehr auf der aufblasbaren Luftmatratze schlafen zu müssen.

Ich erkundete die Stadt außerhalb der Stoßzeiten, im oberen Deck der Doppeldeckerbusse, vordere Reihe. Fahrt bis zur Endstation. Wenn mir das Viertel gefiel, habe ich es näher erforscht und in einem Café einen Cappuccino oder Espresso getrunken. Cineast wäre zu viel gesagt, aber bevor ich Anna kennenlernte, ging ich oft ins Kino, bis zu zweimal in der Woche. Auch danach sind wir, ins Kino gegangen, nicht mehr so oft, aber regelmäßig. Das Angebot in München ist groß, aber überschaubar. In Berlin ist das Angebot so umfangreich, dass der Abdruck in den Zeitungen nur durch eine kleine Schriftgröße möglich ist, die man kaum lesen kann. Um einen guten Film zu finden, musste ich recherchieren. Den besten Überblick bekam ich im Internet. Dabei entdeckte ich die vielen kleinen Programmkinos, über die ganze Stadt verstreut, mit ihren kleinen Leinwänden und plüschigen roten Sitzen. Sie lagen in Hinterhöfen, verbunden mit einer Kneipe oder im fünften Stock eines Altbaus ohne Aufzug. Wenn ich mir einen schönen Nachmittag gönnen wollte, suchte ich mir einen Film aus und fuhr mit der U-Bahn oder dem Bus eine halbe Stunde und länger in ein fremdes Viertel, spazierte vor der Vorstellung um 16 Uhr noch ein bisschen herum. Es saßen um diese Zeit nie mehr als fünf bis zehn Leute in den kleinen Kinosälen, manchmal außer mir nur ein Pärchen. Nach der Vorstellung suchte ich ein nettes Lokal zum Abendessen und fuhr dann wieder nach Hause.

Beim Zappen bin ich im Fernsehen auf einen Turniertanz-Wettbewerb gestoßen. Turniertanz ist mir zu streng, aber die Ästhetik gefällt mir. Mein letzter Tanz lag 15 Jahre zurück. Ich bekam wieder Lust. Es gibt viele Tanzschulen in Berlin. Eine bot Singlekurse an. Inzwischen hatte ich ein Alter erreicht, wo man aufpassen muss, nicht ins Abseits geschoben zu werden. Ab 60 plus bieten die Tanzschulen Kurse für Senioren an. Nachmittags, mit Kaffee und Kuchen. Beim Tanzen sind das Alter und die Größe von Bedeutung. Beim Alter gab ich genau 10 Jahre jünger an, um mir das Datum gut merken zu können. Meine Schmächtigkeit und verzögerte Entwicklung als Kind geriet im Alter zum Vorteil. Ich schaue jünger aus als es meinem Alter entspricht. Um sicher zu gehen, wieder gut reinzukommen, meldete ich mich für einen Single-Anfängerkurs an. Der Tanzkurs war angesetzt für Freitag um 20 Uhr 30. Die Fahrt mit dem 29er Bus brachte mich in 40 Minuten von Berlin Mitte über den Kurfürstendamm zur Tanzschule. Von Tür zu Tür.

Dieses Mal gingen die Treppen nicht nach unten, sondern steil nach oben in einen mit Seseln und Sofas bestückten Vorraum, mit Rezeption und einer Bar. Von dort gelangte man in die zwei Tanzsäle und die angeschlossene Garderobe. Den zehn Frauen standen zehn Männer gegenüber. Alle Altersgruppen waren vertreten. Die jüngste Frau schätze ich auf 20 Jahre. Wahrscheinlich war ich von allen Teilnehmern der älteste. Außer mir hatte niemand einen Anzug an. Es fiel aber nicht auf. Die Leiterin der Tanzschule, eine resolute, drahtige Blondine, leitete den Kurs. Bei den Paarübungen wurde rotiert. Wechselnde Partnerinnen. Ein davon hieß Julia. Es fiel mir leicht, mit ihr zu tanzen und ich freute mich, wenn sie wieder an der Reihe war. Sie nahm auch den 29er Bus zur Heimfahrt, stieg aber auf der halben Strecke aus. Bei der dritten Fahrt sagte ich, bevor sie ausstieg: „Ich würde dich morgen Abend gerne zum Abendessen in ein Restaurant einladen." „Vielen Dank, aber von Samstag auf Sonntag habe ich Notdienst in der Apotheke. Aber gerne am Sonntag, bis zum Abend habe ich ausgeschlafen." Sie stand schon an der Bustür, und ich rief ihr zu: „Okay, ich suche was aus und schicke dir eine WhatsApp!"

Ich habe einen Italiener ausgesucht, nicht weit von der Stelle, an der sie immer ausstieg. Sie hat mir erzählt, dass sie aus Lübeck kommt und sich von ihrem Mann getrennt hat. Die drei Kinder sind schon außer Haus. Die letzten Jahre hat sie wieder als Apothekerin gearbeitet. Ich habe ihr gesagt, dass meine Frau gestorben ist und sie sehr krank war. Kurz bevor wir aufbrachen, sagte Julia: „Was machst du eigentlich an Silvester? Ich fahre über Weihnachten zu meiner Familie, aber an Silvester bin ich wieder hier. In der Tanzschule findet ein großer Silvesterball statt. Wenn du Lust hast?" „Ich habe bisher noch nichts geplant. Wir könnten auch einmal in ein Konzert oder ins Theater gehen."

Laura, meine ehemalige Arbeitskollegin, traf ich öfter am Abend in der Markthalle der Bergmannstraße. Sie wohnte dort in der Nähe.

An einem Abend kurz vor Weihnachten haben wir uns zufällig in der Bergmannstraße getroffen. Sie kauft dort immer bei Alnatura ein, und ich kam gerade aus einer Buchhandlung. Sie sah mich, lachte und fragte, ob ich Lust habe, noch zum Vietnamesen zu gehen.

Beim Essen sagte Laura: „Du hast ein Auto. Du könntest mir helfen, für Weihnachten einzukaufen. Alleine stresst mich das immer. Meine ganze Familie kommt zu mir, die Kinder mit Partnern und mein Enkelkind. Ich lade dich gerne ein. Muss es noch mit meiner Tochter absprechen. Aber sie hat sicher nichts dagegen."

Eingekauft haben wir schon zwei Tag vor Heiligabend. Wir räumten die Einkaufstaschen ins Auto. Sie drehte sich zu mir um: „So entspannt wie mit dir lief das noch nie."

Laura hat zusammen mit ihrer Tochter gekocht. Vegetarische Gerichte, nur für die drei Söhne gab es Lasagne mit Hackfleisch. In der Küche drängten sich alle, ihre Tochter mit ihrem Freund, die Söhne mit ihren Freudinnen und das siebenjährige Kind des ältesten Sohnes. Ich hatte lange überlegt, ob ich die Einladung annehmen sollte, weil ich für mich allein das letzte Weihnachten und Silvester mit Anna Revue passieren lassen wollte und Angst hatte, das fünfte Rad am Wagen zu sein. Aber Laura sagte: „Entscheide dich für das Leben, Anna gedenken kannst du auch zu anderen Jahreszeiten."

Für die Kinder, alternativ geprägt, spielte mein sozialer Status keine Rolle. Niemand fragte mich, warum ich nach Berlin gezogen bin und was ich vorher gemacht habe. Den Jungs war ich gleichgültig, nur bei der Tochter spürte ich nicht direkt Abneigung, aber eine gewisse Distanz. Außer ihrer Familie hatte Laura noch eine Freundin eingeladen, eine unscheinbare, graue Maus, die nebenbei Yogakurse anbot, wie ich irgendwie mitbekam. Beim gemeinsamen Essen saß sie neben mir und fragte mich nach meiner Wohnung und wie hoch die Miete sei. Ich sagte: „Ich wohne in Berlin Mitte", und nannte ihr den Mietpreis. Sie rückte merklich ab von mir und sagte: „So viel verdiene ich ja nicht mal brutto."

Ich nutzte die Gelegenheit und zog für den Silvesterball meinen unkonventionellen Smoking an. Der Ball fand nicht in unserer Tanzschule statt, sondern in einem Gebäude mit großem Saal in Berlin Tempelhof, im früheren Flughafen. Es gab Platzreservierungen mit Nummern, in einem Nebenraum ein großes Büfett. Der Discjockey legte Platten auf, und es gab Schaueinlagen der Tanzlehrer. Es fiel mir nicht leicht, die richtigen Schritte wiederzufinden, aber mit Julia war gut zu tanzen. Beim Tanzen und während des ganzen Abends dachte ich an Anna und unsere gemeinsamen Silvesterbälle in den Hotels, mit dem ganzen Glamour und den Livebands. Hier war es auch schön und viel billiger. Um Mitternacht haben wir uns zugeprostet, sind dann nach draußen in den Hof geeilt, um das Feuerwerk über Berlin zu sehen. Julia schaute auf ihr Smartphone und weinte. „Entschuldige bitte, meine Familie. Das Netz ist überlastet." Sie entfernte sich von der Masse. Ich stand da unter fremden Leuten und fühlte mich verloren. Die meisten hatten ihre Handys in der Hand. Als wir wieder an unserem Tisch saßen, sagte ich: „Julia, lass uns noch eine Runde tanzen, dann fahre ich nach Hause."

Ich stand auf meinem Balkon im siebten Stock, das Feuerwerk hatte nachgelassen, vereinzelt knallte es noch die ganze Nacht. Ich schaute nach unten auf den asphaltierten Weg. Siebter Stock. Das müsste reichen.

In dieser Silvesternacht hatte ich einen Traum. Meinen früheren, den alten Geschäftsführer, hatte ich nackt auf einen Stuhl gefesselt und ihn gefragt, warum er mich die letzten drei Jahre so gemobbt hatte. Er hat mit einer Floskel geantwortet, und ich habe ihm ins Knie geschossen. „Wenn Sie mich noch einmal anlügen, schieße ich Ihnen auch noch in das andere Knie."

Seit ich in Berlin wohne und seit Annas Tod habe ich oft Träume von meinem Berufsleben. Auch als Rentner arbeite ich wie bisher noch in meinem schönen Büro. Es ärgert mich, wenn ich den Dienstwagen reserviert habe, und andere sind damit unterwegs, oder ich soll bei dem neuen Geschäftsführer vorsprechen, weil ich die Gleitzeit verletzt habe. Ich sage: „Was soll das mit der Gleitzeit. Die gilt doch für mich nicht. Ich bin Rentner und werde von Ihnen nicht mehr bezahlt."

Von Anna träume ich nie, aber sie ist mir immer gegenwärtig. Ich stehe morgens mit ihr auf und gehe abends mit ihr ins Bett. Ich wünschte manchmal, Anna hätte mir zum letzten Abschied nichts in mein Ohr geflüstert. Immer muss ich daran denken. Es bleibt unser Geheimnis. Ich nehme es mit zu ihr ins Grab.

Wahrscheinlich kommen die Träume von ihr später, Monate oder Wochen vor meinem eigenen Tod.

Wenn ich am Freitag vom Tanzen zurückkomme, ist es 23 Uhr. Ich sitze auf meiner Couch, schaue durch die Balkontüre auf die nächtliche Stadt und fühle mich verwaist, ganz ohne

Körper. Vielleicht brauche ich psychotherapeutische Hilfe, oder ich brauche Ablenkung, eine andere Umgebung. Eine Weltreise.

Für Sonntagmorgen 10 Uhr habe ich Gabriel zum Frühstück eingeladen. „Hör mal zu, ich reise für vier Wochen nach Indien. Zuerst zu meinen alten Wirkungsstätten und anschließend zu einer Ayurvedakur nach Kerala. Es wäre schön, wenn du dich um die Wohnung kümmern könntest. Einfach ein Auge darauf werfen, zwischendurch lüften und meinen Blumenstock gießen. Fall du Besuch bekommst, der kann gerne hier übernachten. Ich halte mit dir Kontakt von unterwegs."

20

Immer wieder habe ich mit Anna über eine gemeinsame Indienreise gesprochen. Anna äußerte Ängste, sich mit diesem Land zu konfrontieren. „Diese Mystik und exzessive Armut, von der du mir berichtest. Vielleicht gehe ich darin unter." Sie zeigte großes Interesse an meiner indischen Vergangenheit, meinen Geschichten und Erfahrungen, aber die innere Verbundenheit, die damit einherging, konnte sie nicht teilen. Ich spürte das, und es machte mich unsicher in Bezug auf den Sinn einer gemeinsamen Reise. Sie kam nie zustande. Indien, es blieb mein Land. Ich musste es nicht teilen.

Die Sehnsucht hatte sich über Jahrzehnte aufgebaut und rief nach Erfüllung. Ich war frei und nutzte diese Sehnsucht, um mich abzulenken.

Der Flug führte mich über Dubai nach Kalkutta. Von dort mit dem Zug nach Patna. Den Zug hatte ich gewählt, um mich meiner ehemaligen Wirkungsstätte behutsam zu nähern. Noch eine Stunde Fahrzeit. Kein Schaffner weit und breit. Durchsagen gab es nicht. Die Reisenden im Abteil konnten mir keine Auskunft geben. Sie fuhren bis zur Endstation in Neu-Delhi. Auf keinen Fall durfte ich den richtigen Ankunftsort verpassen. Ich schaute angestrengt aus dem schmutzigen Fenster, das sich nicht öffnen ließ. Wegen der Klimaanlage. Der Zug fing an zu quietschen und verlangsamte sein Tempo. Da, verschwommen, ein Schild: Patna. Das Quietschen wurde laut und schrill, bis der Zug stoppte. Ich packte Reisetasche und Koffer, hastete zu Waggontür. Ich öffnete die Tür, und der Name stand vor mir, auf dem Schild, klar und deutlich: Patna. Ich stieg aus und fühlte mich von den aus- und einsteigenden Menschen bedrängt.

Damals, vor fast einem halben Jahrhundert: Der Bahnsteig quoll über mit meinen Leuten, nicht nur mit den 80 Arbeitern vom Engine Shop, den ich zusammen mit Anis Hassan als Foreman geleitet hatte. Auch Mr. Naidu, der Works-Manager, und alle leitenden Angestellten wollten sich von mir verabschieden und die Arbeiter vom Karosseriebau. Insgesamt, so schätze ich, standen 250 Leute auf dem Bahnsteig. Alle arbeiteten bei der Bihar State Road Transport Corporation (BSRTC). Dort wurden alle öffentlichen Busse des Staates Bihar repariert. Mr. Naidu hielt eine Rede mit den Kernsätzen: „Mr. Jan Bender is a Socialist by heart. He helped us very much to improve our workshop. We love him and we will miss him very much. Good luck for you and your family. God bless you." Ich musste schlucken. Dann hat mir einer nach dem anderen einen Blumenkranz um den Hals gelegt, bis ich nichts mehr sehen konnte. Anis Hassan umarmte mich, und wir haben uns lange festgehalten. Vom Wagon aus, durch die offene Zugtür, faltete ich die Hände zum letzten Gruß: „Namaste."

Ich fühlte mich geehrt, glücklich, gleichzeitig allein und melancholisch. Tränen liefen über mein Gesicht. Der kleine indische Herr gegenüber fragte: „What's the matter?"

Die Reise zurück nach Deutschland. Ein Jahr wird sie dauern.

In diesen Erinnerungen versunken stand ich inmitten einer Masse von Menschen, die an mir vorbei eilten. Einer rempelte mich an; und ich schreckte auf, packte meine beiden Gepäckstücke und eilte zum Ausgang. Am Platz vor dem Bahnhof ein noch größeres Gewühle als auf dem Bahnsteig. Menschen zu Fuß, per Fahrrad, Autoscooter, Pkw, Pickups, Busse, Lastwagen, Rikschas. Mit dem Reisebüro hatte ich einen Abholservice vereinbart. In Kalkutta am Flughafen hatte es gut geklappt. Ich schaute nach einem Schild mit meinem Namen, konnte aber keines entdecken. Vorsichtshalber hatte ich schon im Zug den Hotelnamen auf ein Blatt Papier geschrieben. Hilfesuchend sah ich mich um und entdeckte mir gegenüber einen Herrn in einem weißen Dhoti, der klassischen indischen Tracht. *Höhere Kaste,* dachte ich, ging zwei Schritte auf ihn zu, bat ihn um

Hilfe bei der Suche nach einer Rikscha und beim Aushandeln des Preises.

Das Hotel lag in der Nähe, aber wir kamen nur zentimeterweise voran. Die Spurensuche begann.

Das Luxushotel lag direkt an einem großen Rondell, mitten in der Stadt. Die Flächen um das Rondell herum waren zu meiner Zeit großzügig bebaut, mit viel Platz zwischen den Gebäuden. Im Innern des Rondells konnten die Stadtbewohner in einem kleinen Park zur Ruhe kommen.

50 Jahre später stand Haus an Haus, nirgends eine Freifläche. Das Rondell wurde umrundet von einem Zaun aus Bambushölzern, Holzplatten und Wellblech. Dahinter versteckten sich irgendwelche Bautätigkeiten. Für Patna hatte ich drei Tage eingeplant, die ich intensiv nutzen wollte.

In der Nähe des Rondells, dem Hotel gegenüber, standen Autoscooter auf einem Platz. Die Fahrer diskutierten untereinander. Niemand kannte die Adresse: „Central Workshop of the Bihar Transport Corporation."

„Please, we go to the airport, it is nearby. At this place we will ask again." Auf der Fahrt kein einziges freies Feld. Die Stadt hatte sich ausgedehnt bis zum Begrenzungszaun am Flughafen. Ich hatte mir überlegt, ein Motorrad oder ein Fahrrad zu mieten, um unabhängiger zu sein. Aber ich hätte mich nicht mehr orientieren können, so zugebaut war inzwischen alles.

Kurz vor dem Flughafen ließ ich den Autoscooter an einem Teeshop halten und fragte einen jungen Mann nach der Werkstatt. Er zeigte sich sehr entgegenkommend, sagte, dass er neben der Werkstatt wohne und am besten gleich mitfahre. Ich steuerte direkt auf das Büro des Workmanagers zu, klopfte und trat ein. Der schaute zuerst ungehalten, aber mein indischer Begleiter erklärte ihm auf Hindi, wer ich sei, dass ich hier gearbeitet habe und extra aus Germany angereist sei. Die Miene des Managers hellte sich auf, und er bat, Platz zu nehmen. Über eine Klingel wurde ein Bote hereingerufen, um die Anweisung entgegenzunehmen, Tee zu servieren. Der Manager, ein schmächtiges, schüchternes Männchen, der mäßig Englisch beherrschte, war kein Vergleich zu Mr. Naidu, meinem damaligen Workmanager, dieser imposanten Gestalt mit dem großen schwarzen Schnauzer, einem indischer Patrioten, der sehr unter den Unzulänglichkeiten und der Korruption seines Landes gelitten hatte. Nur der massive Holzschreibtisch war immer noch derselbe. Zum Glück konnte mein indischer Begleiter als Übersetzer tätig sein. Ich wollte nicht zu lange bleiben, aber doch das Wichtigste erfahren.

Nach seinem Ruhestand war Mr. Naidu mit seiner Familie wieder in den Süden des Landes nach Tamil Nadu gezogen, wo er ursprünglich auch herkam. Was aus ihm geworden war, wusste der Manager nicht. Er war jetzt schon der dritte Nachfolger. Anis Hassan ist schon lange tot, er starb mit 60 Jahren. Einer der Söhne arbeitet als hoher Beamter bei der Zentralregierung in Neu-Delhi, soweit er wisse, lebe die Mutter bei ihm. Die Werkstatt war stark verkleinert worden und hatte nur noch 150 anstatt 500 Arbeiter, es gibt jetzt mehrere Werkstätten verteilt im ganzen Land.

Ich fragte, ob ich mich in den Werkshallen ein bisschen umschauen dürfe. Es war ein Feiertag und die Hallen menschenleer. Auf mich machte alles einen tristen Eindruck: veraltete, verrostete Maschinen, die Gebäude verkommen. Von einem Modernisierungsschub konnte keine Rede sein. Ich war enttäuscht, das moderne Indien konnte ich an diesem Ort nicht finden.

Mein Begleiter und Dolmetscher lud mich zu einer Tasse Tee ein. Er wohnte tatsächlich ein paar Hundert Meter weiter. Unterwegs erzählte er mir, dass er studiere und Informatiker werden möchte, sein Vater arbeite bei der Railway als Lokführer. Wir setzten uns in den kleinen Hof vor die Lehmhütte. Eine junge Frau mit Baby kam heraus, er stellte sie als seine Schwester vor. Sonst erschien niemand von der Familie Der Vater war vor einer Stunde vom Dienst gekommen und schlief. Ich wollte weiter, bedankte und verabschiedete mich. Wir tauschten die E-Mail-Adressen aus, und der Junge sagte: „We are friends now".

Durchschwitzt und erschöpft betrat ich mein Zimmer im Hotel, streifte meine Kleider ab und nahm ein kaltes Duschbad. Nur mit der Unterhose bekleidet legte ich mich auf das Bett, schaute an die Decke, spürte die angenehme Kühle der Klimaanlage, obwohl ich die niedrigste Stufe eingestellt hatte.

Ich hatte erwartet, dass keiner meiner alten indischen Gefährten mehr leben würde. 50 Jahre sind vergangen, ich war damals 21 Jahre alt, und sie waren alle älter. Aber die Bestätigung, dass Anis, mein alter Counterpart, nicht mehr lebte, hat mich mehr berührt, als ich vorhergesehen hatte. Der Briefkontakt war nach fünf Jahren eingeschlafen. Mit Internet hätte es vielleicht länger angehalten. Wir sind immer gemeinsam in die Werkstatt gefahren. Ich habe ihn mit dem Motorrad abgeholt und wieder heimgebracht. Er stammte aus einer angesehenen muslimischen Familie. Sein Vater war noch unter den Engländern als Richter tätig. Wenn ich bei ihm eingeladen war, saßen nur Männer am Tisch. Die Frauen kochten und huschten im Hintergrund hin und her. Aber zu meinen Einladungen brachte er seine Frau mit, sie sprach fließend Englisch und lachte viel. Er sprach sehr hochachtungsvoll von seiner Frau. Sie hatte Glück und ihm drei Söhne geschenkt. Zwischen den beiden spürte ich eine große Harmonie. Anis und ich entwickelten eine Assembly Line für die Werkstatt. Die Vorgabe war, mehr Motoren mit einer längeren Laufzeit zu überholen. Jeder einzelne Motor wurde zerlegt, wir ermittelten, welche Ersatzteile wir brauchten, was wir selber herstellen konnten und was bestellt werden musste. Wenn wir alles zusammen hatten, wurde der Motor wieder zusammengebaut und acht Stunden auf einer Station im laufenden Betrieb getestet. Das Problem dabei war, dass die Ersatzteile, vor allem die Einspritzpumpen, auf dem Transportweg verschwanden und wir sie teuer auf dem Schwarzmarkt besorgen mussten. Im Sommer, in der größten Hitze, bei über 40 Grad in der Halle, haben wir die Arbeitszeit verlegt, von 16 Uhr bis Mitternacht. Wir waren ein gutes Team.

Beim Frühstück in dem Fünf-Sterne-Hotel war ich umgeben von fetten Männern in weißen traditionellen Anzügen und fetten Frauen in bunten Saris, die schon morgens träge in den gepolsterten Stühlen hingen.

Dem Rikscha-Fahrer sagte ich die Adresse meines alten Wohnviertels: Rajendra Nagar No. 12. Wohin ist mein altes Wohnhaus verschwunden? Ich fand es nicht mehr. Die Hausnummern waren verschoben worden. Überall hohe Mauern. Ich fragte nach Mr. Singh, einem Universitätsprofessor, meinem Hauswirt. Er wohnte im Erdgeschoss, wir im ersten Stock mit der Dachterrasse. Niemand wusste Bescheid.

Am letzten Abend vor meiner Abreise aus Patna speiste ich in dem Restaurant des Fünf-Sterne-Hotels. Der Speiseraum war rechteckig angeordnet, und in der Mitte hatten die Kellner eine lange Tafel für eine Gesellschaft hergerichtet – mit einer sehr aufwendigen Dekoration. Die Tische links und rechts entlang der Wand waren in derselben Art dekoriert. Zum Glück bekam ich noch einen Katzentisch gleich rechts neben dem Haupteingang, von wo aus ich einen guten Überblick über das Geschehen hatte. An diesem letzten Tag genehmigte ich mir ausnahmsweise einen lokalen roten Wein, der mir ein wärmendes Gefühl vermittelte und den Abschied erleichterte.

Nach und nach füllte sich die Tafel mit Leben, die Gäste trudelten ein. Danach bot sich ein wunderbares Bild, wie ich es in meinen Breitengraden niemals zu Gesicht bekomme. Inderinnen mit Saris aus Seide in leuchtenden Farben. Männer mit weißen, traditionellen Gewändern in bunten Pluderhosen oder klassischen europäischen Anzügen. Sikhs mit bunten Turbanen von goldfarben bis pink. An einem Tisch ein grazilerer Muslim mit langem, schwarzen Kaftan und drei Frauen in der traditionellen Burka. Dazwischen die Kinder des modernen Indien mit Designer-Jeans und T-Shirts. Umwerfend und bunt, diese Szene in ihrer Vielfalt. Ich staunte und war begeistert. Das war mein Indien.

21

Wir trafen uns in einem Restaurant in Kreuzberg. Ich hatte Gabriel zum Dinner eingeladen, für die Schlüsselübergabe und als Dank. „Wie war deine Reise?" „Meine alte Werkstatt existiert in der Form, die ich kannte, nicht mehr. Die alten Weggefährten leben nicht mehr, und in meinem früheren Wohnviertel verlor ich die Orientierung. In meiner Zeit waren die Häuser von offenen Gärten umgeben, allenfalls von durchsichtigen Gitterzäunen umrandet. Heute versteckten sich die Häuser hinter festen, hohen Mauern mit Eisentoren.

Ich bin durch die Wohnstraße gelaufen wie in Trance. Am liebsten wäre ich wieder wie früher mit dem Motorrad herumgefahren, hätte für den Abend, wenn die Sonne untergeht, zum Dinner eingeladen. Abdul, unser Koch, hätte uns bekocht. Alle wären gekommen. In Deutschland brauche ich für eine Einladung von sechs Leuten mindestens vier Wochen Vorlaufzeit. Wir hatten keinen Fernseher, kein Telefon, kein Handy. Nichts. Es war die schönste Zeit in meinem Leben. Vor Anna. Das kannst du dir nicht vorstellen: Ich war der deutschen Gesellschaft entflohen, und die indischen Gesetzmäßigkeiten und Strukturen galten für mich nicht. Ein Gefühl der totalen Freiheit. Mir wurde ein hoher sozialer Status zugeordnet. Den habe ich später nie mehr erreicht. Ich wurde sogar zum Vice President of the German-Indian Cultural Association auserkoren. In gewisser Weise war Indien mein Meisterstück. Ich hatte nichts im Kreuz, nur meinem Gesellenbrief. Meine Eltern hatten mir nichts vermittelt, außer, dass man frische Unterwäsche anziehen muss, bevor man vom Arzt untersucht wird. Ich weiß gar nicht mehr genau, wie ich auf den deutschen Entwicklungsdienst kam und alles organisiert habe. Es gab kein Internet, ich hatte keine Vorbilder. Ich wollte nur weg. Es war eine Flucht. Die Reise war überfällig. Ein Schlussstrich."

„Du hast aber auch eine Ayurveda-Kur in Kerala gemacht."
„Ich hatte mir dabei erhofft, zu mir zu finden durch die Massagen, das Yoga und die Ruhe. Das Resort lag direkt am Meer, eine wunderschöne Anlage. Erwartet hatte ich ein internationales Publikum und war erstaunt, nur deutschsprachige Gäste vorzufinden. Der indische Inhaber ist verheiratet mit einer Deutschen und lebte lange mit ihr in Heidelberg. Offensichtlich ist er von der deutschen Zuverlässigkeit so beeindruckt, dass er nur dieses Publikum wünscht. Die Gäste kamen ausschließlich aus Deutschland, Österreich und der Schweiz. Fand ich schade. Ich hatte mich auf eine Amerikanerin aus Seattle gefreut." Gabriel musste lachen. „Wieso Seattle?" „Keine Ahnung, vielleicht durch den Film *Schlaflos in Seattle*. Im Ernst, ich hätte gerne einmal eine Amerikanerin kennengelernt. Ich kenne die nur aus Filmen. Sie sind immer so überdreht und sagen pausenlos „I love you". „Ach ja, fiel mir noch gar nicht auf." „Achte mal drauf. Jedenfalls fand ich keine Harmonie. Ich hatte viel Ruhe, musste immer an Anna denken und die letzten Monate mit ihr. Es kommt mir im Rückblick alles surreal vor, wie ein Film. Ich weiß nicht mehr genau, was da abgelaufen ist und welche Rolle ich spielte. Die Ayurveda-Kur war Wellness für mich und hat keine tieferen Spuren hinterlassen."

Mit Dominik habe ich ein paar Mal telefoniert, und wir hatten seinen Besuch bei mir in Berlin vorgesehen. Aber ich wollte längere Zeit ungestört mit ihm zusammen sein, hatte eine Idee und rief ihn an: „Dominik, ich möchte für Mai ein Ferienhaus auf der Insel Elba buchen, für 14 Tage. Hast du Lust, mitzukommen? Ich lade dich ein, hole dich im Allgäu ab und bringe dich wieder heim."

Ich kannte mich in Berlin mit dem Autoverkehr noch nicht aus und brauchte das Navi, um auf die Autobahn zu kommen. Auf der Autobahn bis München und von dort bis Füssen konnte ich mich an den Verkehrsschildern orientieren. Von Füssen bis zu Dominiks Einöde musste ich das Navi wieder einschalten. Ich hatte zwei Übernachtungen bis zu unserer Weiterfahrt nach Italien eingeplant, weil ich mir mein altes Internat anschauen wollte. Von Füssen aus in Richtung Pfronten bog ich rechts ab in eine schmale Landwirtschaftsstrasse ohne Mittelspurmarkierung und Begrenzungspfähle. Ich kam schließlich bei zwei einsamen Wohnhäusern und einem Bauernhof an. Ringsherum Felder und Wälder. In einem der Häuser wohnte Dominik in einer Parterrewohnung. Von der Küche aus ging es direkt in den umlaufenden Garten. Wir hielten uns an den Armen und schauten uns lange an.

Ein warmer Abend. Wir saßen auf der Terrasse des Restaurants und schauten auf den Hopfensee. „Was hat dich hierher verschlagen?" „Nach meiner Scheidung von Barbara haben wir unser Haus verkauft. Barbara ist nach Frankfurt gezogen, und die Kinder blieben in Hessen. Ich habe mich die letzten Jahre um meine Mutter in ihrem Haus gekümmert und bin dann im Allgäu hängen geblieben."

„Ich kenne die Gegend sehr gut, weil ich in Hohenschwangau bei Füssen vier Jahre im Internat war. Das würde ich mir nach Jahrzehnten morgen gerne anschauen. Wenn du Lust hast, fahren wir zusammen hin."

Wir setzten uns auf eine Bank in der großzügigen Park- und Sportanlage hinter dem alten Internatsgebäude. „Unglaublich wie viel hier angebaut wurde. Früher gab es nur das alte vierstöckige Internatsgebäude, mit den Zimmern und den Wirtschaftsräumen und noch ein altes Nebengebäude mit den Klassenzimmern. Die Turnhalle neben dem Fußballplatz bestand aus einer Art Holzschuppen. Jetzt ist es ein Riesenkomplex mit vier neuen, weißen Schulgebäuden. Das Internatshaus schaut noch so aus wie früher." Dominik sagte: „Schau einmal auf die Fenster im zweiten Stock, da sitzen Mädchen auf der Fensterbank." „Vielleicht ist es heute ein Internat für Mädchen und Jungen. In meiner Zeit war es nur für Jungen. Erstaunlich, dass es als staatliche Einrichtung so lange überlebt hat. Ich wurde 1956 hier eingeschult, nach der Aufnahmeprüfung für die Oberrealschule. Eingeprägt hat sich mir der Speisesaal. Die Küche wurde von Nonnen betrieben. Zum Frühstück gab es einen dünnen Tee oder Malzkaffee, dazu trockene Scheiben Brot und Schälchen mit Margarine. Die Nonnen zogen auf Wägelchen Blecheimer mit gelbbrauner Marmelade durch die Reihen und klatschten jedem mit einem Löffel einen Batzen auf den Blechteller."

Wir suchten unser Auto inmitten Hunderter Touristenbusse. „Wie viele Millionen von Touristen kommen eigentlich hierher jedes Jahr? Ich kann mich nicht erinnern, zu meiner Zeit Touristen gesehen zu haben. Von meinem Bett im Sechs-Bettzimmer schaute ich vier Jahre lang nachts auf Neuschwanstein. Besonders beindruckend bei Vollmond. Im Winter lag viel Schnee. Wir sind in Gruppen zum Schloss raufgelaufen und mit dem Schlitten die kurvenreiche Straße runter ins Dorf gefahren."

„Schön hier draußen im Garten bei dir, eine ganz andere Szenerie als bei mir in Berlin. Du musst mich unbedingt einmal besuchen. Hier brauchst du natürlich immer ein Auto. Könntest du nicht wieder mit der Barbara in Frankfurt zusammenziehen? Dann wärst du wieder näher bei den Kindern und deinem Enkelkind." „Klingt verlockend, aber der Zug ist abgefahren. Aber es stimmt schon, wenn ich nicht mehr Auto fahren kann, wird es schwierig. Zum nächsten Supermarkt sind es zehn Kilometer. Ich kann natürlich Gemüse anpflanzen, Kräuter und Pilze im Wald sammeln." Ich musste lachen. „Einen Weinberg brauchst du aber auch noch!"

„Wie sehen deine Pläne für die Anfahrt aus?" „Das Ferienhaus habe ich für 14 Tage gebucht. Von Samstag auf Samstag. Für die Hinfahrt habe ich eine Übernachtung am Gardasee gebucht, von Freitag auf Samstag, sodass wir die Fähre in Piombino um 15 Uhr gut erreichen."

Der Parkplatz vor dem Hotel war nur halb belegt. „Hotel Nazionale, es wird dir gefallen. Neu renoviert, mit einem riesigen Pool. Wenn wir wollen, können wir morgen vor dem Frühstück schwimmen gehen. Von mir aus auch noch heute Abend. Aber ich denke, wir ruhen uns erst einmal aus und bummeln dann durch Desenzano." An den nur halb belegten Plätzen der Restaurants am Hafen merkten wir: Die Hauptsaison hatte noch nicht begonnen.

Alles erinnerte mich an die Urlaube mit Anna. Die letzten Jahre. Wir mieteten eine behindertengerechte Ferienwohnung mit Pool, nicht weit vom Hotel Nazionale entfernt. Dorthin konnten wir direkt mit dem Auto fahren.
    Nach Elba mit der Fähre wurde es immer beschwerlicher. Vom Bauch des Schiffes musste ich ihr helfen, sich die Eisentreppen zum Deck hoch zu quälen. Den Rollstuhl holte ich nach. Eine wirklich behindertengerechte Fähre zu finden ist uns nicht gelungen. Die Auskunft hieß immer: „Das Personal trägt sie hoch."

Ich steuerte ein Restaurant an, das ich kannte, direkt am Hafen. Vor uns schaukelten die kleinen Segelboote. Der Kellner hatte die Teller schon abgeräumt und spendierte uns noch einen Grappa. Dominik sagte: „Es ist schön, dass wir wieder zusammengefunden haben."
    „Du bist mein Freund, den ich am längsten kenne. Du hast deine Lehre bei VW gemacht und ich bei Opel, gerade als der Opel Kadett rauskam als Konkurrenz zum Käfer. Opel hatte damals nach VW die höchsten Zulassungszahlen, Japaner gab es noch nicht. Das waren noch Zeiten. Seit ich nicht mehr bei Opel bin, geht es bergab." Wir mussten beide lachen. „Ich kann mich noch gut erinnern, wie Opel die Initiative ergriff, mit Mercedes gleichzuziehen. Sie schickten einen Vertreter von Rüsselsheim zu uns, der uns mit einer Diashow die neuen Modelle Admiral, Senator und Diplomat vorstellte. Der Diplomat V8 war das Flaggschiff. Nur ich und der Meister konnten später das Automatikgetriebe reparieren. Dafür mussten wir im Hauptwerk einen einwöchigen Lehrgang absolvieren."
    „Ich bestelle noch einen Grappa und einen Espresso. Du auch?" „Für mich nur einen Espresso." „Als was hast du eigentlich nach deinem Indienaufenthalt gearbeitet?"
    „Ich arbeitete als Prüfstandmechaniker bei BMW. Ich brauchte ja Geld. Für 7.50 D-Mark in der Stunde, im Gegensatz zu 3.50 D-Mark in der Werkstatt. Ich dachte, ich bin Millionär. Mein

Plan war, im Abendgymnasium das Abitur nachzuholen, um dann zu studieren. In der Zeit wurden die höheren Fachschulen in Fachhochschulen umgewandelt, und man konnte mit drei Jahren Berufserfahrung und Mittlerer Reife studieren. Ohne Abitur. Ich wählte den Studiengang Erwachsenenbildung. Als ich Mitte der 1970er-Jahre mein Studium beendete, wurden im Umkreis von München reihenweise hauptamtliche Leiter von Volkshochschulen eingestellt. Seitdem arbeitete ich in dem Bereich. Du bist zur Bundeswehr, glaube ich?"

„Ich habe mich für zwei Jahre verpflichtet und dann als Autoverkäufer bei Mercedes gearbeitet. Zuerst in Passau, dann in Frankfurt."

Obwohl wir schon eine Woche auf der Insel Elba waren, hatte ich Dominik die schönsten Plätze noch nicht gezeigt. „Ich möchte dir heute die schönsten Orte auf der Insel zeigen. Wir fahren zu einem Ort direkt am Meer. Dort können wir gegen Mittag eine Kleinigkeit essen, danach fahren wir eine Serpentinenstraße ins Innere der Insel, in die Berge, auf der anderen Seite wieder herunter zu einem anderen kleinen Ort am Meer, wo etwas außerhalb nackte, glatte Felsen zwei- bis dreihundert Meter weit ins Meer ragen."

Wir hatten die Bastmatten ausgerollt und lagen in Badehosen auf den Felsen, mit Blick zum Meer. Die Wärme des Tages ließ es zu. Zum Baden war es aber noch zu kalt. Wie oft ich schon auf diesem Felsen gelegen hatte. Das erste Mal während des Studiums mit meiner damaligen Freundin Evelyn. Die Eltern einer Kommilitonin hatten hier ihr Ferienhaus. Albo Gelsi, ein ehemaliger Minenarbeiter, kümmerte sich um den Garten. Als die Kohleminen schlossen, hat er sich von der Abfindung direkt daneben ein Grundstück gekauft und vier Ferienwohnungen gebaut. Nach dem Studium habe ich immer bei ihm gebucht. Ich glaube, mit allen meinen Freundinnen habe ich hier Ferien verbracht.

Die Sonne ging langsam unter, und es wurde kühl. Dominik sagte: „Lass uns aufbrechen, beim nächsten größeren Ort können wir noch einkaufen, und ich koche uns etwas für heute Abend, nachdem wir gestern essen waren. Was hältst du von einem Pilz-Risotto und dazu einen kühlen Weißwein?"

Wir hatten Wollpullover angezogen. Damit konnten wir es auf der Terrasse noch gut aushalten. Dominik kochte gut, und das Risotto schmeckte vorzüglich. Ich schenkte uns zwei Gläser Wein ein, als Dominik fragte: „Wie geht es dir in Berlin, hast du schon neue Kontakte geknüpft?"

„Ich habe ja wieder angefangen zu tanzen und eine Frau kennengelernt, Julia. Wir waren an Silvester auf einem Ball der Tanzschule. Ich kann gut mit ihr tanzen. Sie kommt aus Lübeck und hat sich vor kurzem von ihrem Mann getrennt. Sie ist um die 50 und will es noch einmal wissen. Ich glaube, ihr Mann ist so ein Lieber, aber langweilig. Ich vermute, es hat auch mit Sex zu tun.

Sie ist hier noch nicht angekommen. lebt innerlich noch in Lübeck, fährt am Wochenende zu ihren Kindern, Freunden oder ihren Eltern. Wenn sie nicht hinfährt, kommen die nach Berlin. Ich habe den Eindruck, sie war noch kein Wochenende allein. Am Samstag zum Tanzen ist sie eigentlich nie da. Silvester war eine Ausnahme. Sie ist auch mit dem Smartphone immer mit ihren Leuten in Verbindung, auch wenn wir unterwegs sind: ‚Oh, kleinen Moment, die Elke schickt gerade eine WhatsApp. Entschuldige bitte, ich muss kurz zurückrufen.'"

„Nervt dich das?" „Es ist neu für mich. Da hat sich etwas verändert."

„Der Mann meiner Tochter, der rennt auch ununterbrochen mit seinem iPhone in der Hand durch die Gegend. Wenn irgendetwas unklar ist, schaut er sofort nach."

„Du hast mir am Telefon von deinen ehemaligen Arbeitskollegen in Berlin erzählt. Hast du die getroffen?"

„Den Gabriel treffe ich öfter, meistens zum Frühstück, und die Laura hat mich an Heiligabend eingeladen. Ihre ganze Familie war da. Mit 16 Jahren ist sie aus Bielefeld von zu Hause zu ihrer älteren Schwester geflohen. In dieser Zeit galten sie und ein Typ aus der Hausbestzer-Szene als das schönste Paar im Kiez. Schön ist sie noch immer, und ich bin fasziniert von ihrer Aura, geheimnisvoll und unnahbar. Inzwischen hat sie vier erwachsene Kinder und sich ein gediegenes, bürgerliches Leben erkämpft. Sie hat die Kinder alleine großgezogen. Die Beziehung zu ihrer Tochter ist sehr eng und nimmt viel von ihrer Zeit in Anspruch. Ihr ganzes Leben ist sehr dicht getaktet zwischen Job, Kindern, dem Hund und Yoga. Ich glaube oder ahne, dass sie sich in einer Art spirituellem Innenkreis befindet. Alles außerhalb interessiert sie nicht, und ich finde keinen Spalt in der Mauer. Sie kommt aus der Hausbesetzer-Szene und ist immer noch sehr alternativ. Wenn ich ihr in den Mantel helfen will, sagt sie: ‚Lasse das, ich hasse es'.

Ich denke, ich bin ihr zu bürgerlich, vielleicht auch zu alt. Keine Ahnung. Es ist eine neue Welt für mich, um die ich mich in den letzten Jahren nicht kümmern musste. Bei diesen neuen Erfahrungen denke ich: *Mein Gott, wie unkompliziert Anna war*. Müßig, ich weiß."

Es war unser letzter Abend, und wir beschlossen, in die Altstadt nach Capoliveri zu fahren. Wir kamen zurück, ich schaute auf die Uhr und sagte: „Es ist erst 22 Uhr, die Fähre geht um 14 Uhr. Lass uns auf der Terrasse noch ein Glas Wein trinken. Falls es uns zu kalt wird, nehmen wir eine Decke."

Wir prosteten uns zu, und Dominik sagte: „Weiß du, wie dein Leben weitergeht?"

„Ich weiß nicht, es geht nicht weiter. Mit Annas Tod ist mein Lebensstrang abgebrochen. Ich arbeite an einer neuen Lebenslinie, ein Versuch. Ich oszilliere immer um dieselbe Stelle, komme nicht voran."

„Du hast mir von deinen Bordellbesuchen erzählt. Fühlst du dich schuldig?"

„Ich hatte Angst vor Schuldgefühlen, die mich erdrücken könnten. Sie traten aber nicht ein. Ich empfinde es als Verrat an Anna, den ich nicht verhindern konnte. Daran leide ich. Aber ohne Tamara hätte ich Anna nicht beistehen können.

Mein Umzug nach Berlin und die Indienreise haben mir nicht geholfen. Eine sich ewig hinziehende psychologische Begleitung möchte ich nicht. Damit begebe ich mich in unwägbare Abhängigkeiten. Ich habe immer alles alleine bewältigt. Vielleicht schreibe ich ein Buch und streue meinen Schmerz in die Weite der Welt. Er wird zum Globuli- und Placebo-Effekt, der mich heilen kann."

Ich ließ Dominik an der Bar im Schiffsinnern zurück, ging hinauf auf das Deck, lehnte mich an die Reling und schaute zurück. Ich liebe diese kleine Insel. Alle Landschaften sind auf ihr vereint: karge Berge, die Macchia liegt als duftender grüner Teppich auf den Hügeln, dazwischen Wälder, raue Felsenbuchten und sanfte Sandstrände. Keine Hochhäuser und Bettenburgen versperren die Aussicht. Die beiden schönen Hafenstädte Portoferraio und Porto Azzurro. Das malerische Örtchen Capoliveri mit seinen verwinkelten Gassen. Dort in der Nähe liegt unten am Meer unser Ferienhäuschen. Allein mit Anna war ich viermal hier. Der Vermieter Albo Gelsi, im Laufe der Jahrzehnte zu einem älteren Herrn gereift, kam pünktlich jeden Morgen um 10 Uhr mit dem Moped angefahren um die Grünanlage um seine Ferienhäuschen zu pflegen. „Arrivederci, Signor Gelsi."

Elba, du Vertraute. Ob ich dich noch einmal besuchen werde?

Der Autor

Hans-Jürgen Kaiser wurde 1946 in Mannheim geboren. Von 1951 an wuchs er im Allgäu auf. Seine Schulzeit verbrachte er in verschiedenen Internaten. Eine Lehre als Kfz-Mechaniker schloss sich an. In diesem Beruf war er von 1969 bis 1970 als Entwicklungshelfer in Indien tätig. Danach unternahm er eine mehrmonatige Studienreise durch Südostasien.

Über den zweiten Bildungsweg gelangte der Autor zum Studium der Sozialpädagogik mit dem Schwerpunkt Jugend-und Erwachsenenbildung. Als Diplom-Pädagoge arbeitete er bis zu seinem Ruhestand 2009 in verschiedenen Einrichtungen des außerschulischen Bildungsbereiches, unter anderem als Leiter einer Volkshochschule und Geschäftsführer des Evangelischen Bildungswerkes München. Zu Kaisers Hobbys zählen Theater, Literatur, Jazz, Tanzen sowie Kraft- und Ausdauersport. Bisher veröffentlichte er den Band „Und plötzlich lag ein Boot auf dem Dach: Geschichten, Reportagen, Phantasien" für junge Leser. Hans-Jürgen Kaiser ist verwitwet und lebt in Leipzig

Der Verlag

*Wer aufhört
besser zu werden,
hat aufgehört
gut zu sein!*

Basierend auf diesem Motto ist es dem novum Verlag ein Anliegen neue Manuskripte aufzuspüren, zu veröffentlichen und deren Autoren langfristig zu fördern. Mittlerweile gilt der 1997 gegründete und mehrfach prämierte Verlag als Spezialist für Neuautoren in Deutschland, Österreich und der Schweiz.

Für jedes neue Manuskript wird innerhalb weniger Wochen eine kostenfreie, unverbindliche Lektorats-Prüfung erstellt.

Weitere Informationen zum Verlag und
seinen Büchern finden Sie im Internet unter:

www.novumverlag.com

Lightning Source UK Ltd.
Milton Keynes UK
UKHW020139031121
393274UK00003B/177